今昔写真と路線分析
都電荒川線の
全記録

中村建治・森川尚一

三ノ輪橋行きの1000形ファーストナンバーの1001号。今では見られないリヤカーやオート三輪車が活躍していた時代である。◎小台　1964（昭和39）年3月13日　撮影：諸河久

.....Contents

第3章　資料編

◆コラム

【沿線トピックス】

【王電・都電びと】

【逸品・荒川線サボ】かつては都電の脇には行き先などを表示した「サボ」と呼ばれる、行先標（方向版など呼び方も多い）が掲出されていた。旧27系統（三ノ輪橋〜赤羽間）の、荒川車庫を経由する途中停留場間の珍しいサボも残されている。上は神谷三丁目（赤羽線）〜町屋一丁目（現町屋駅前）間、下は三ノ輪橋〜王子（現王子駅前）間の珍しいサボ。所蔵：都電カフェ

はじめに

　都電でたった一つ残っている「荒川線」が、今年で開業110年を迎えました。

　荒川線は1世紀ほど前の1911（明治44）年8月、「王子電気軌道」という私鉄が飛鳥山〜大塚（現大塚駅前）間で産声を上げたのが最初です。その後に路線を伸ばし、三ノ輪（現三ノ輪橋）〜王子（現王子駅前）〜早稲田間、王子〜赤羽間で全通します。そして戦時に入ると国策の一環として「東京市電」へ移行され、1943（昭和18）年7月の都制施行とともに「東京都電」となりました。

　戦後には乗客数もピークを迎え、繁栄の時代を築きます。しかし自動車の急増によって都電は「交通渋滞の元凶」と非難され、廃止への道を辿っていきます。ところが現荒川線だけは、専用軌道が多いことや代替の交通手段に乏しいことなどから存続されることになります。当時の新聞では「やっぱりいいね、チンチン電車」（朝日）、「"最後の都電"大モテ」（読売）と、存続歓迎の見出しが躍っています。

　こうして1974（昭和49）年10月、路線名も荒川線と改称して再出発を迎えました。それから半世紀、荒川線は住民の足としてだけでなく、多くの観光客も乗せて、すっかり「東京のちんちん電車」としても定着しています。

　そこで今回、王子電軌として産声をあげてから110年、荒川線と改称してから50年を迎えるのを機に、改めてその魅力を定点（今昔）写真や古地図、史話・逸話、構造などを満載して出版しました。

　本書の刊行にあたっては新型コロナへの対応という多忙な中で、関係機関、博物館・資料館・図書館、鉄道愛好家などの皆さんには大変お世話になりました。改めてお礼を申し上げます。

2021（令和3）年10月　　中村建治・森川尚一

早稲田停留場にて。電車が子供たちの格好の遊び場だった良き時代。
◎1972（昭和47）年11月21日
撮影：森川尚一

【凡例】
1. 停留場の開始・廃止・改称時期などについては諸説があるので、「王子電軌社史」と「日本鉄道旅行地図帳」（新潮社）を基本としつつ、他の資料も参考にしながら正確性に努めました。
2. 「王子電気軌道」は、「王電」「王子電軌」などの略称も用いています。
3. 「停留場いま＆むかし」の配線図は、代表的な経緯だけに限定しました。
4. 都電の路線は系統を使いますが、通称の路線名を使っている個所もあります（例：赤羽線、戸塚線等）

第1章
総合編

荒川線ヒストリー

「王子電気軌道」が飛鳥山〜大塚間で開業
都電廃止が渦巻く中、「荒川線」で再出発

私鉄の「王子電気軌道」で開業

　東京の東北部を東西に「逆Uの字（∩）型」で走る路面電車の「都電荒川線」は、今から110年前に「王子電気軌道」（以下「王電」）という私鉄が敷設した路線だ。

　明治初期の東京の鉄道といえば、官鉄の新橋〜神戸間の東海道線が全通し、私鉄「日本鉄道」の赤羽〜品川間（現JR山手線）や「甲武鉄道」（現JR中央線）の飯田町〜八王子間などが、蒸気機関車でわずかに走っていた時期である。特に東京中心部における人々の足としての輸送機関は、まだ馬車鉄道が主役の時代であった。

　こうした時期に政府は1900（明治33）年3月に「私設鉄道法」を交付し、私鉄の立ち上げを積極的に支援する。同法公布から5カ月後の8月には、準備を進めていた「東京電車鉄道」が、品川〜新橋間で東京初の路面電車をスタートさせた。

　これらの動きに刺激された滝野川村（現北区滝野川）・清水勝蔵らは1906（明治39）年5月、「王子電気鉄道」で、王子〜三ノ輪間・王子〜池袋間（1922年8月・出願取下げ）の2路線の建設を願い出る【写真下】。「東京市発展の趨勢と、王子村隆昌の機運とに鑑み、且つ公益のため、東京市内の各種工場および労働者・貧民等を郡部に移転させる必要を感じ、従って郡部における交通機関の整備の緊急なるを認め出願した」（「出願書要旨」）と宣言する。その後に内務省から「貴社は軌道事業（鉄道ではなく路面電車）のため、社名を変更するように指導されて「王子電気軌道」と改称した。

　出願に対して1年後の1907（明治40）年5月、「電気軌道を敷設し、一般運輸の業を営むことを特許す」とする特許状（路面電車は「特許」）が届く。発起人は早速に株式公募へ入るものの、資金集めなどでは難航した。結局資金は、電気事業で成功した才賀藤吉（大阪出身の当時37歳＝117頁参照）が大半を出すことになり、併せて社長に就任する。こうして王電は1910（明治43）年4月に設立、ようやく開業の目途が立つのである。

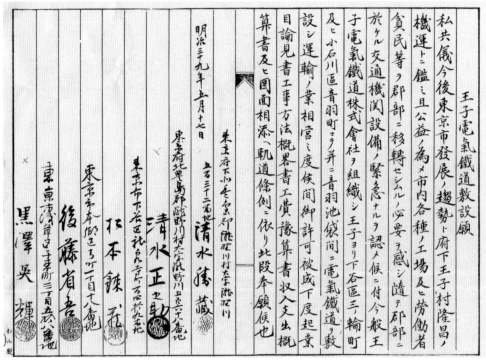

「王子電気鉄道」としての出願書＝所蔵：東京都公文書館

次々の延伸開業で
「荒川線」の基盤が完成

　創立に漕ぎつけた王電では、麹町区三番町に本社を構えて開業準備に入った。電車車両の調達、レールの敷設、停留場や発電所・車庫の建設、用地買収などが整い、翌1911（明治44）年8月には、遊覧客の乗車が期待できる名所・飛鳥山を起点とする観光路線の「大塚線」（飛鳥山～大塚間）を開通させる【写真下】。車両は40人乗りで、初日の乗客数は1500人だったという。とはいえ田畑が広がる沿線では利用者も少なく、苦戦を強いられた。

　その後も資金繰りには苦心し、とりわけ社長・才賀藤吉が事業に失敗したこともあって会社は内紛する。そこで日本資本主義の父・渋沢栄一（埼玉出身の当時71歳＝100頁参照）の紹介で、岩下青周（長野生まれの当時54歳。阪急電鉄・近畿日本鉄道の実質創始者）などからの支援を受け危機を克服、路線建設は続行される。

　こうして1913（大正2）年4月には「三ノ輪線」（飛鳥山下～三ノ輪間）【写真右】、1926（大正15）年3月には「赤羽線」（計画時「岩淵線」。王子柳田～神谷橋間）を敷設し、基幹の路線を開業させた。だが官鉄が高架化される1928（昭和3）年4～5月までは、東北線・王子駅と山手線・大塚駅をはさむ南北間では、乗客はいったん電車を降りて乗り継ぐという不便を強いられた。

　その後に各線を延伸させ1932（昭和7）年1月に早稲田まで、同年12月には残っていた赤羽線の王子駅前～赤羽間を敷設し、約20年を掛けて当時の予定路線のほぼすべてを開業させた。王子電軌は観光用から、地域住民の足となって徐々に役割を変えてゆくのである。

　この時点（1935年上期）での営業成績は、乗客数77万人・運賃収入は40万円に達し、開業時に比較して乗客数は60倍・運賃収入は130倍にまで伸びて軌道に乗っ

ネオン型ゲートと花電車で開業を祝った。
出典：「王子電軌三十年史」

船方（現荒川車庫前）付近を走る、開業時の王子電軌400形。
出典：「王子電気軌道三十年史」

てゆく。乗務員も370（大正末現在）人に達し、昭和14（1939）年には400人にまで増えていった。

王子電軌は東京市電から東京都電へ

　順調に推移してゆくかに見えた王子電軌の経営だったが、運輸事業の実態は厳しく、電灯・電力供給や赤羽での住宅地分譲などの収入（収益の6～7割が電力・電灯事業）で生き延びていた。開業時に行っていた4％の配当もやがて無配に転じ、借入金が増えて自転車操業が続く。人員整理や経費の節減等で立て直しを図るも、経営は火の車であった。

　昭和に入った1932（昭和7）年8月に大蔵大臣は、経営が芳しくない王子電軌に加え、京王電軌（現京王電鉄）・京浜電鉄（京浜電鉄）の3社に合併を促す。だがこの指導は合意に至らず不調に終わってしまう。

　こうした中で日中戦争などが拡大し、戦時態勢が強くなると政府は1938（昭和13）年8月に戦費捻出のため、燃料消費の制限などを意図した「陸上交通事業調整法」を施行する。同法に基づいて鉄道やバス会社の整理・統合が図られることとなった。代表的な例では小田原急行（現小田急電鉄）・京王電軌（現京王電鉄）・京浜電鉄（現京急電鉄）などが、東京急行電鉄（旧東京横浜電鉄）に吸収合併されたことはよく知られる。

　王電もその対象とされ1942（昭和17）年2月、軌道事業は買収額・1286万3200円で東京市に引き継がれ「東京市電」と変身、チョコレート色にグリーン帯の車両は姿を消す【次頁上】。市電は1年後の1943（昭和18）年7月、東京市の東京都制への改正に伴い「東京都電」（正式

The Street of Ginza.
Tokyo, Japan.

東京鉄道を買収して銀座を走る東京市電（大正時代）＝絵葉書

路線名…三ノ輪橋〜熊野前間＝三河島線、熊野前〜王子駅前間＝荒川線、王子駅前〜大塚駅前間＝滝野川線、大塚駅前〜早稲田間＝早稲田線）と改称して戦後を迎える。

蛍の光の大合唱
都電銀座線 惜しむ都民

銀座線のラストランでは当時の美濃部知事も参加し、多くの都民とともに都電に別れを告げた。
朝日新聞（1967年12月10日）

交通渋滞の元凶とされ都電廃止へ

　戦後になり社会が落ち着きを取り戻してくると、都電も復興し新型車両を次々と投入、1955（昭和30）年に入ると乗客は年間6億4000万人にも上り最盛期を迎えた。ところが昭和30年代中頃になると自動車が急増し、都電は「交通渋滞の元凶」とまでいわれるようになる。高度成長期の中で都は警視庁通達等により、1959（昭和34）年10月に都電軌道内への自動車乗り入れを実施、自動車優先の交通政策に移行してゆく。ますます都電は邪魔者扱いされてしまうのだ。

　自動車社会の進行によって都市交通審議会は1960（昭和35）年8月、「都市交通は地下高速鉄道（地下鉄）を根幹とし、バスを補助手段とする」を内容とする「都電不要」を答申する。都においても1961（昭和36）年7月、首都圏整備事業計画の中に都電撤去に着手することを盛り込む。

　こうして都電廃止は実行に移される。40路線を持つ都電で最初に廃止の俎上に乗ったのは、他の路線とゲージが異なる14系統の「杉並線」（新宿駅前〜荻窪駅前間）であった。同線は東京オリンピックが開催される前年の1963（昭和38）年11月、乗客全員のだれからともなく歌い始めた「蛍の光」の中で最後の運行を終え

た。そして都電ネットワークは次々と崩壊の道を辿り、1967（昭和42）年12月の「銀座線」のラストランでは当時の美濃部知事も乗車し、鉄道ファンなどで埋まる群衆に包まれながら別れを告げた【前頁下】。

一転して「荒川線」だけが運行継続へ

都電の全線廃止を打ち出した東京都は、三ノ輪～赤羽間の「27系統」は1970（昭和45）年、荒川車庫～早稲田間の「32系統」も翌1971（昭和46）年までに、他の路線と同様に廃止する計画を打ち出す。だが「もともと美濃部さんは、都電の廃止には消極的だった。知事就任の時点で、すでに都電撤去に方針が決定していたため、認めなければならなかったという事情がある。そのうえ光化学スモッグも、現在ほど大きな問題にはなっていなかった。美濃部さんが“しまった”と思った時には、大勢は手のほどこしようのない状態になっていたという」（読売新聞）の中で、美濃部亮吉・都知事（142頁参照）は1973（昭和48）年の都議会で、一部の都電の存続を表明した。「都電は公害を出すわけではないし、せめて2路線ぐらいは残せないか」。そこで90%が専用軌道であり、適当な代替交通機関がない「27・32系統」に白羽の矢が立ち、「荒川線」と改称して継続運行になった。だが同じ27系統の王子～赤羽間の赤羽線は、併用軌道が多いことや終点・赤羽停留場が国鉄東北線・赤羽駅と離れていることなどから、あえなく廃止となってしまう（12頁参照）。

継続運行にあたって都交通局では、10億円の予算を組んで老朽車両の整備や停留場への花壇・ベンチ設置など、大掛かりな「化粧直し」に着手した。

こうして1974（昭和49）年10月1日、都電荒川線の一番電車は三ノ輪橋を出て王子駅前に着くと、昨日まで向かっていた北側の赤羽ではなく、いつもと違うルートである南側の早稲田へ向けて左折してゆく【下図】。

荒川線が残った結果、1975（昭和50）年には「ディスカバー・ジャパン」のブームもあって、全国から鉄道ファンなどが訪れ、唯一の都電はブームを呼ぶ。

だが維持費用は高く、相変わらず赤字体質から抜け出せないでいた。都は存続のためやむなく、1977（昭和52）年10月に一部ワンマン化へ踏み切る。

こうして波乱万丈の歴史を背に、開業110年を迎えた「荒川線」は、地域住民や観光客の足としてチンチンと振鈴を鳴らしながら、三ノ輪～早稲田間12.2kmを50分ほど掛けて今日も走っているのである【写真下】。

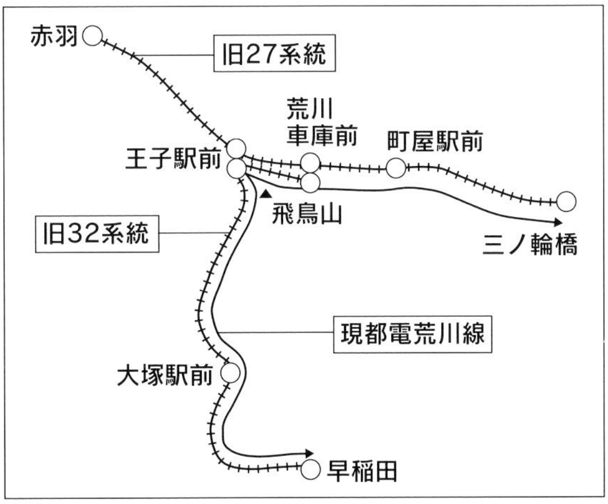

住民や観光客の足として活躍する現荒川線

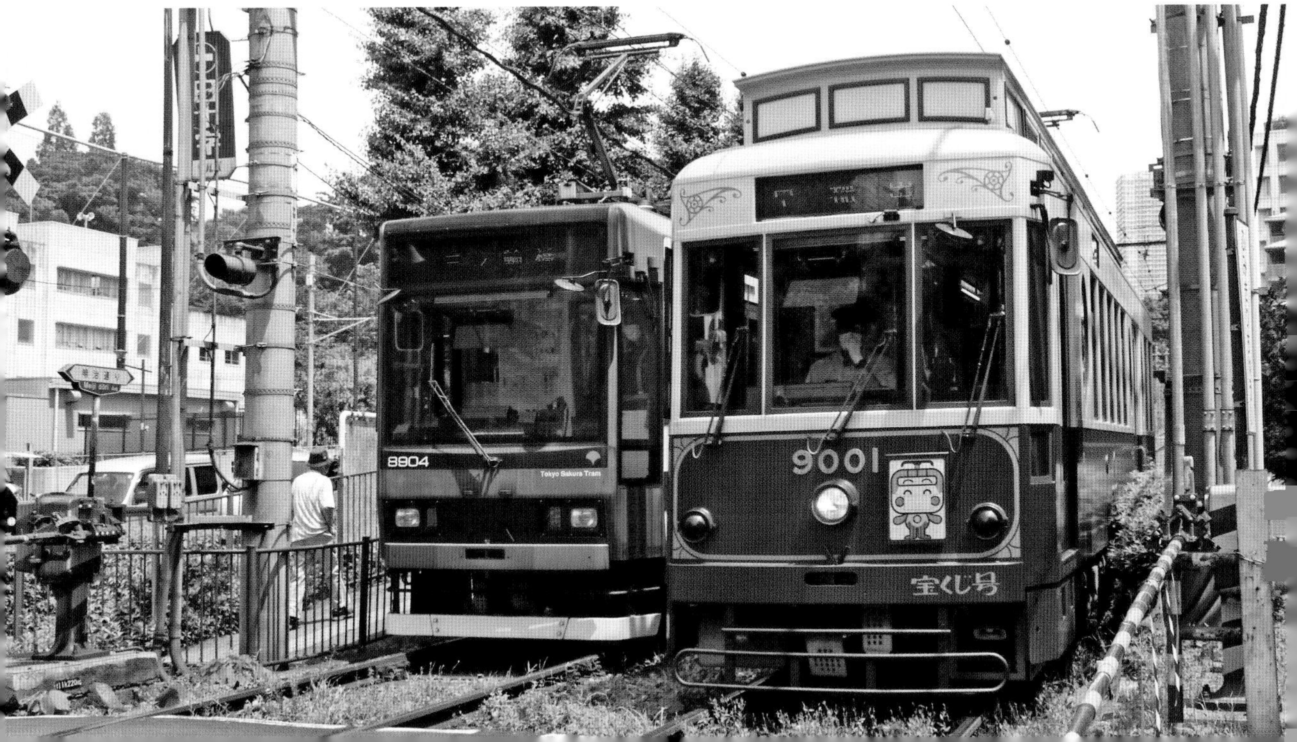

昭和の荒川線回想ルポ　沿線生活24年・近藤哲生

車掌が同乗して鳴らす「ちんちん電車時代」

川向うの乗り物から身近な通学路線に

当時の住まいは隅田川の小台橋を渡った『足立区の小台』であり、都電は「縁がない」という認識だった。日常生活においては都電を使用することもなく、高校への通学を含めて外出ではもっぱらバスで国鉄山手線・田端駅へ出ていた。

都電にお世話になることは少なかったのだが、小学生の頃、プロ野球「大毎オリオンズ」（大映映画と毎日新聞社が経営していた球団で、現ロッテマリーンズの前身）の本拠地であった「東京球場」（正式名・東京スタジアム。1962年開場、1972年閉場。現荒川総合スポーツセンター）が南千住にオープンした。幾度か試合観戦に都電で連れて行ってもらったことを思い出す。

父の職場は南千住にあり、バスで4停留所先の小台まで行き、都電に乗り換えていたので、土地勘もあったのだろう。

入学した大学が早稲田であり、自宅から停留所までは1km近くの距離はあるものの、安価であり通学に便利であったことから、初めて身近な交通手段となった。距離の関係から「足立区の小台」の住民にとって、都電はそれほど身近なものではなかったと思う。

荒川線としての存続で安ど

大学は荒川線の終点にある早稲田に決まったので、都電は日常生活の一部となった。もっとも入学以前にはしばらくの間、都電の廃止の動きが盛んだったので、路線も「消えて無くなるのでは……」と、随分と心配した。

だが沿線には他の交通手段が少ないことなどもあって、「27・32系統」は例外的に存続が決まる。家族や隣近所でも「良かった良かった」と、安どの胸を下ろしていた。

入学が決まった早稲田大学理工学部がある新宿区大久保3-4までの通学では、通学費が気になっていたので、都電存続に「これで安い運賃で通学できる」とほっとしたものだ。もし都電がなかったら、バスで田端駅まで行き、同線・高田馬場駅に至る経路となる。都電での通学代に比べ、バス＋国鉄代となり結構負担が重くなる。とにかく当時の国鉄は毎年のように大幅運賃の値上げを繰り返し、そのうえストライキの頻発で世間の評判も良くなかった。

都電の方も物価上昇の影響を受け、卒業までの4年間に通学定期は、1370円→2050円→3420円（3か月定期）と2.5倍にも値上がりし、これには難儀した。結構周りの乗客も不満を口にしていたようだ。

私の入学は1972（昭和47）年であるから、まだ荒川線と呼ばれる以前であった。1974（昭和49）年10月に荒川線となるまでは、早稲田に行くには荒川車庫前で全車とも乗り換えが必要であった。荒川線となってからは基本的には乗り換えは不要となり、私にとってはありがたいことと喜んでいた。27系統・32系統が一本となり、系統という表現は無くなったが、乗客の方はこれまで通り「27系統」等と呼ぶ人も多く、わざわざ新路線名の「荒川線」という人は少なかったように思う。

車庫での乗り換えで面倒さも

小台から乗る27系統線は、三ノ輪橋〜王子駅前〜赤羽間を走る電車である。学校がある早稲田方面に行く電車は、小台の2つ先の荒川車庫前が始発の32系統だった。そのために車庫から出てくる電車を待って乗り換える必要があり、少し煩わしかった。

【車掌が活躍】荒川線車内の一コマ。以前は車掌が同乗し、きっぷ販売や案内などで車内を回っていた。
◎1972（昭和47）年2月1日　撮影：森川尚一

早稲田からの帰宅時も同様で、32系統は荒川車庫前止まりなので、三ノ輪橋方面電車に乗り換えるのだ。ところがあまり急ぐ必要性がない身分であったこともあり、それほどイライラして待つという煩わしさの記憶はない。

乗降した小台の待合ホームは、現在では屋根（上屋）が付いているが、当時はなかった。そのため吹き付ける雨や雪の日には、傘で防御しながら電車を待つしかなく結構厳しかった。屋根があった停留場はどこにもなく、雨除けできるのは、王子駅前の上屋と大塚駅前の国鉄線の高架下ぐらいしかなかったように記憶している。

車両は「7000形」の黄色い車体に赤色帯が引かれた電車が主役だった。進行方向の前部と後部の2カ所に乗降口があり、後部には車掌が立っていた【写真前頁】。

走行中でも車掌はふらつきもしないで、慣れた手つきできっぷの販売や降車者の誘導を行っていた。振り返ってみれば女性の車掌がいた記憶はない。終点停留場での集電装置のビューゲルを方向替えする作業があったので、男性のみの職場であったのかもしれない。

車掌の仕事で記憶に残るのは、後部乗降口で、降車・乗車後の出発準備完了時において、上から下がったひもを引いて「チン、チン」とベルを鳴らして運転手に合図をしていたことである。王子駅前〜飛鳥山間の、自動車との道路共用（併用軌道）の運転時には安全チェックの合図にも使っていた。

この車掌の仕事ぶりも1978（昭和53）年4月からのオールワンマン化で、すっかり見ることができなくなった。少し寂しくなった気もする。

トイレがなく警察署に駆け込む

朝・昼・晩と、色々な通学時間帯に乗車していたが、荒川線では車内がギュウギュウ詰めで混雑していたという記憶はない【写真右上】。また、大半が専用軌道を走行していたこともあり、道路渋滞で授業に間に合わないのではと、到着時間をやきもきと心配するようなことはなかった。とにかくバスとは違い、時間には正確で頼りになった。

車内では新聞や週刊誌を広げるなど、今のスマホ時代とは結構違う光景だった。

街並みも変わった。風呂屋の煙突があちこちに見えたし、車もオート三輪は徐々に姿を消し、四輪車に変わっていた。道路もあまり広くなかったせいか、そんなに大きなトラックは沿線では走っていなかったようだ。都電の踏切には今のようなにぎやかな「カンカン」となる遮断機はあまり見たこともない。

雑司ヶ谷を過ぎると下車停留場の学習院下が近づい

てくる。運転席横から見える真っ直ぐに伸びる景色が好きで、特に天気の良い日には、早めに座席を立ち運転席横でこの風景を眺めていた。

そういえば困った思い出がある。乗車中に急に腹痛に襲われた日のことだ。当然ながら、車内にも停留場にもトイレは付いていない。現在のようにコンビニが点在してはいなかった時代である。ここは学習院下停留場まで、我慢に我慢を重ねて耐えるしかない。下車するや否や、近場の戸塚警察署に駆け込んで難を逃れた。「国鉄の駅ならトイレがあるのに……」と、うらやましく思った苦い経験がある。

1年生の年末から2年生に掛けて、南千住の自動車学校での教習のため、早稲田とは反対方面である三ノ輪橋まで通った。結局は4年間で、三ノ輪橋〜小台〜早稲田間の荒川線の全区間を結構頻繁に使っていたことになる【写真下】。

いまも荒川線に乗って「ちんちん」と鳴るベルの音を聞くと、我が青春時代がつい昨日のことのようによみがえってくる。期せずして残ってくれた荒川線に感謝感謝である。（談。文責・森川）。

【混雑もなく】当時の荒川線車内。新聞を広げる人の姿も見える。◎1972（昭和47）年11月11日　提供：北区立中央図書館（撮影：手川文夫）

【学習院下付近の車両】この写真撮影の約半年後、近藤さんは学習院下で下車して、都電の後ろに見える明治通りを大学まで歩くことになる。（学習院下停留場付近の荒川車庫前行き車両）◎1971（昭和46）年8月23日　撮影：森川尚一

11

旧赤羽線の廃線跡を歩く

バス停に残る旧王電の停留場名
廃止やむなしの印象が強い当線

路線跡は緑地帯やトンネルに利用

　1926（大正15）年3月から1972（昭和47）年11月までの約半世紀を走った、王電・都電の「旧赤羽線」（27系統）【写真下】の廃線跡を歩いてみた。

　まずは、起点地・JR東北線・王子駅前から足を延ばす。かつての都電のルート上には、今は都営バスの停留所がある。それらの多くは、都電時代と同じ名前を継続使用していることが多い。起点の「王子駅前」も同様で、都電時代と同名のバス停を見つける【写真次頁右上】。まずは、ここから北本通りに沿って廃線跡を北上する。

　10分ほど歩くと、首都高・王子北出入口近くの「王子三丁目バス停」に至る。都電時代も同名だが、王子電気軌道の開業時には「尾長橋停留場」といった。尾長橋は、用水路に架けられた橋の名前である。歩道橋に「尾長橋」の文字があるので当地点に間違いはない。歩道橋から眼下の道路を見降ろした北本通りの真ん中に、新緑の草むらが縦に長く伸びている。電車の安全地帯（ホーム）を彷彿とさせる【写真次頁右下】。一部は、首都高・尾長橋トンネル出入口にも利用されていた。

　当交差点に接する王子警察署の場所には戦前、王子火薬製造所という物騒な軍事施設があった。その広い敷地跡では、同署改築の真っ最中で、工事の槌音（つちおと）が響く。かつて、陸軍の軽便軌道がこの前の道路を走り、都電の上を立体交差していた。その高架橋の名も尾長橋だった。

　さらに北へ進むと、王子五丁目交差点に至る。北本通り

　と交差する紀州通りには1971（昭和46）年3月まで、延長2.5kmの国鉄貨物支線「須賀線」が化学肥料などを積んで、王子〜須賀駅間を走っていた。この交差点に、都電と須賀線の平面交差のための有人踏切があったが、残念ながら痕跡は伺えない【写真次頁下】。

　さらに、北本通りの穏やかな勾配を歩くと、東京メトロ南北線の「王子神谷駅」に近づく。左側に旧王子製紙十条工場（戦後は十条製紙）の工場跡に建てられた、大きな王子五丁目団地が目に飛び込んでくる。この付近にも「北王子線」という用紙輸送の貨物線が、つい8年前の2014（平成26）年7月まで、田端信号場駅〜北王子駅（日本製紙物流内）間を走っていた。東京で最も新

赤羽線が走っていた当時の地図（出典：日本地図社「東京都区分地図」昭和41年）

しい廃線跡である。

　せっかくだからと、予定を変更して足を延ばす。貨物列車が今にも走ってきそうな線路跡や踏切が、現役さながらの雰囲気で残っていて感激する【写真下】。

旧都電時代と同じ名称のバス停「王子駅前」

製紙工場に至る旧北王子線に残る踏切跡

都電路線の跡は緑地帯や首都高のトンネルに利用されている。

日産化学工場へ続く国鉄・須賀貨物線と平面交差して走る当時の赤羽線車両。都電と国鉄線が平面交差する唯一の地点だった。　◎1969（昭和44）年11月28日　所蔵：諸河久フォト・オフィス

貨物線や堀を跨いで走った赤羽線

　環状7号線と交差する歩道橋には「宮堀」の横断文字が並び、近くには都電時代の停留場名「北区神谷町」のバス停標識が立つ。王電時代の「宮堀」と、都電時代の「北区神谷町」という、新旧の停留場名に会えてうれしくなる。赤羽線は、王子製紙十条工場と隅田川をつなぐ堀（現神谷堀公園）を跨いで走った。さらに北上すると「北車庫入口バス停」に着く。目前には都営バス北自動車営業所があるが、王電・都電時代からバスの拠点地で電車車庫ではない。

　営業所の直ぐ先に、北清掃工場の巨大煙突が見えてくる。旧国鉄赤羽火力発電所の跡地である。ここに

は火力発電の燃料となる石炭輸送の「赤羽発電所専用線」という貨物線が、1922（大正11）年頃から走っていた。その廃線跡は、道路として利用されている。

　旧赤羽線沿線は「廃線跡の宝庫」のようで、廃線ファンの自分としては感動する。付近には、かつて隅田川からの発電所までの堀（現志茂東公園）があり、赤羽線の下を交差していた。近くに「宮堀」や「七溜」「神谷橋」などの、水と縁のある停留場名があったのは隅田川（旧荒川）に近いためである。

終点・赤羽停留場には現役時の痕跡なし

　珍名な区立なでしこ小学校などの建物を左右に見ながら、やや左に迂回するように進むと環状8号線と

交差する地点にある、東京メトロ南北線「赤羽岩淵駅」に至る。同駅の手前には、赤羽線の終点「赤羽停留場」があった【写真下】。付近は廃止時と異なり、周辺の建物も大きく近代化され、廃線を迎えた半世紀ほど前の面影はほとんど残っていない【写真右】。近くを通った80歳くらいの人は「会社員になったばかりで、都電を使って王子に出たものだ」と、思い出話を懐かしそうに聞かせてくれた。

終点・赤羽停留場から旧国鉄・赤羽駅には、徒歩で10分くらいを要した。そのルート上には、朝から飲める「赤羽一番街」などの飲食街が繁盛する。中途半端な場所に終点駅を設置した王子電気軌道。「当時も付近では宅地化が進んでいて工場も多かった。その先は荒川であるし、あまり延伸の必要性がなかったのでは…」と、地元・北区立中央図書館の黒川徳男氏（国学院大学講師）は分析する。

帰路はJR赤羽駅に出て、赤羽線が走っていたと同じルートの都バスでJR王子駅に戻る。三ノ輪橋～早稲田間の荒川線の場合、90％が専用軌道である。それに比べて赤羽線は全線、北本通りを併用軌道で走った。幅の広いこの道路にはバス便も運行され、地下鉄計画もあった。

「廃線もやむなし」の印象を強くした、「旧27系統・赤羽線」の廃線跡の探索であった（2021年5月取材）。

ラストランの赤羽停留場。集電装置・ビューゲルのひもが切れて、手で直している。上写真は半世紀が経った旧赤羽停留場の現在地。当時の面影は薄い。
◎1972（昭和47）年11月11日
提供：北区立中央図書館（撮影：菊谷靖）

【赤羽線DATA】
開業日：王子柳田駅前～神谷橋間＝1926（大正15）年3月28日
　　　　神谷橋～赤羽間＝1927（昭和2）年12月15日
　　　　王子柳田～王子駅前間＝1932（昭和7）年12月1日
廃止日：1972（昭和47）年11月12日／距離：4.1km

old Akabane Line album
旧赤羽線アルバム

【新旧・駅前繁華】赤羽を目指して賑わう王子駅前北口の北本通りを行く都電。左は折り返しの荒川車庫行の電車。一見するとぶつかりそうだが、荒川車庫行は折り返して車線変更をしている。キャバレーなどが見えるので、人々が「よく働きよく遊んだ時代」の写真である。そのビルもすっかり装いを変え、時代の流れとともにファーストフード店などに変わっている。
◎1972（昭和47）年6月24日　提供：北区立中央図書館（撮影：菊谷靖）

【安全地帯もなく】王子二丁目停留場付近から王子駅前停留場側を望む。赤羽線の多くは安全地帯がないので、乗り降りには危険が伴ったようだ。遠くに見える国鉄・王子駅前付近では大きなビルが並び、今では当時をしのぶことは難しい。
◎提供：北区立中央図書館（撮影：菊谷靖）

【時をつなぐ歩道橋】王子三丁目を行く三ノ輪橋行き6229号。王子駅前から赤羽
に向かった赤羽線の停留場は、王子二丁目、王子三丁目、王子四丁目と王子の地名
が続いた。その先に二つ置いた志茂三丁目も一時は王子北町の停留場名だった。
ここもビル化して当時の様相はない。わずかに後方の　歩道橋が現在に時をつな
いでいる。
◎1970（昭和45）年1月5日　撮影：荻原二郎

【懐かしの「ナショナル」】王子3丁目〜王子4丁目間付近。手前が王子駅前にあたる。
「パナソニック」と改称する前の「ナショナル」の看板が懐かしい。あちこちに掛
かっていた多くの看板も今では少なくなり、すっきりした街並みに変わっていた。
◎提供：北区立中央図書館（撮影：菊谷靖）

【マンション続々】神谷一丁目の新理研工業前。この建物は改修してマンションになっていた。写真では見えないがその向こうには現在、高い煙突を持つ北清掃工場が建っている。
◎1952（昭和27）年頃　提供：北区立中央図書館（撮影：手川文夫）

【環七陸橋を背に】神谷橋付近の7066号車で、後方には環状7号線の陸橋が横断する。ビル化したことを除けば、光景は以前と比べてそれほどの変化はみられない。
◎1964（昭和39）年　撮影：荻原二郎

【間もなく終点】志茂2丁目付近で、もうすぐ終点・赤羽停留場に至る地点だ。都心ほどではないが、ここ赤羽線でも都電は車をかき分けるようにして走っている。
◎提供：北区中央図書館（撮影：菊谷靖）

【終点・赤羽停留場】王電開業時の終点・赤羽停留場である。まだ安全地帯（ホーム）も設置されていない。向こうからは後続の電車が走ってくる。現在の下写真と比べると、車も少なく王電が主役の交通機関だった時代の光景である。
◎1935（昭和10）年頃
出典：「王子電気軌道二十五年史」

【ラストラン・赤羽線】最後の日の終点・赤羽停留場。終電かどうかは不明だが、夜が遅くなってもファンなどが別れを惜しむために集まっている。
◎1972（昭和47）年11月11日
提供：北区立中央図書館（撮影：手川文夫）

王電・荒川線の路線図（沿線案内）

Route map of Ouden, Arakawa Line

【行楽は王子電車に乗って～王子電車・王電バス案内図】鬼子母神や荒川沿岸が書き込まれている。裏面には写真入りの沿線の名所旧跡案内や停留場近くの観光地案内の詳しい解説がある。◎1935（昭和10）年頃発行

王子電気軌道

　当時の私鉄は乗客誘致に向けて、沿線の観光地など　を上空から見た「鳥瞰図」で、王子電軌でもその例にを書き込んだ「沿線案内」を発行した。その多くは沿線　習って複数を作成している。

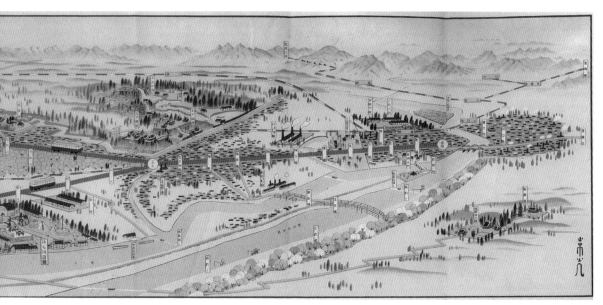

【王子電気軌道沿線案内】当時に流行した鳥瞰図の沿線案内。人に知られた富士山や横浜なども遠くに描かれている。
◎1927（昭和2）年10月＝所蔵：北区立中央図書館

【王子電気軌道沿線案内】「千住間道」（現荒川区役所前）、「船方前」（現荒川車庫前）、「水久保」（現東池袋四丁目）など、後に改称される停留場名も見える。◎1937（昭和12）年発行

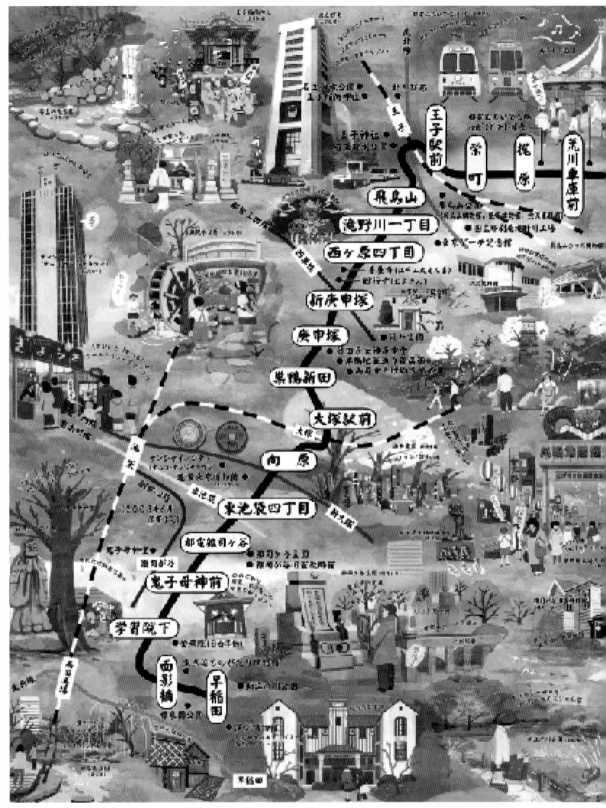

【都電荒川線〜現代版沿線案内】イラストで詳細に描かれた現在の荒川線路線図。各停留場付近の特徴をよく捉えており、見ていて飽きが来ない。当路線図は三ノ輪橋停留場の構内に掲出されている。提供：東京都交通局

王電・荒川線きっぷ

王子電気軌道 所蔵：佐藤孝一

【一区往復乗車券】
大正時代のきっぷ。「往復税」とあるのは1905（明治38）年に日露戦争の戦費調達のために設けられた通貨税で、1926（大正15）年まで続けられた。

【二区九銭乗車券】昭和初期のきっぷ。飛鳥山〜大塚間が開業した際には、全線を4区に分け、1区あたり5銭の乗車運賃だった。北町は赤羽線の停留場。

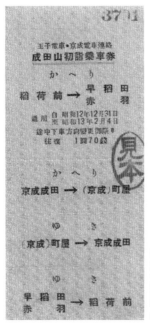

【王子電車・京成電車連絡成田山初詣乗車券（見本）】
王電の稲荷前停留場（現町屋駅前停留場）で京成電軌線に乗り換え、成田山に向かう乗車券。

王電自動車（バス）の乗車券で、1区間5銭のものである。

【観桜記念乗車券】1931（昭和6）年4月の桜シーズンに発売された「観桜記念乗車券」。王電の沿線には飛鳥山や荒川放水路沿いに五色桜の名所があった。左が1区5銭、右が2区9銭のきっぷ。

都電荒川線 所蔵：橋本玲子・近藤哲生

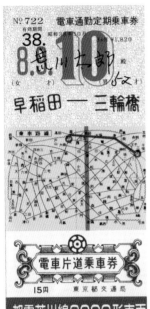

【都電荒川線6000形車両定期乗車券】
終戦直後から製造された「一球さん」と呼ばれた6000形が、方向幕部などを新装して運行した時のきっぷ。
◎1963（昭和38）年発売
所蔵：橋本玲子

【ローレル賞受賞記念乗車券】
鉄道友の会が選定した7000形が、同賞受賞を記念して発売されたきっぷ。
◎1978（昭和53）年7月発売
所蔵：橋本玲子

【通学定期券】
荒川線の区間だけでなく、下段には乗車路線の表示も印刷されている。
◎1973（昭和48）年
所蔵：近藤哲生

【荒川線新装記念乗車券】
ワンマン化を記念して車両新装した時のきっぷで、当時に普及していた音の出るソノシートを付けている。
◎1978（昭和53）年4月1日発売
所蔵：橋本玲子

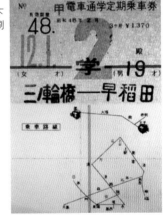

【都電荒川線8502・8503デビュー記念乗車券】
明るくスマートなイメージを持つ8500形車両のデビューを記念してのきっぷ。
◎1992（平成4）年5月　所蔵：橋本玲子

【都電荒川線新造車両運行記念乗車券】
旧来の6000形の置き換えとして新造された8000形を機に発売したきっぷ。
◎1990（平成2）年5月発売　所蔵：橋本玲子

旧王電車両

【王電木造四輪1形】1911（明治44）年の大塚～飛鳥山間の開業時に新造したオープンデッキの木造4輪車両。「1形＃」といい、40人乗りで「マッチ箱」とも呼ばれた。東京市内を走っていた標準タイプ用で、集電は市電が2ポール式、王電車両1本のシングル式だった。車掌が終点でポールを反対方向へ回転して方向替えをした。1913（大正2）年から12両を新造した「7形」、1918（大正7）年から4両を新造する「19形」も1形と同タイプである。
◎大塚八幡川付近で
出典：「王子電気軌道三十年史」。

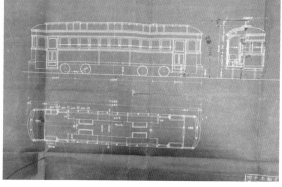

◎200形設計図　所蔵：国立公文書館

【200形】1927（昭和2）年から一挙に23両を新造した、半銅鋼鉄製のボギー車。側板がドア部分で下部に下がり、昇降ステップは車内に取り込まれた、路面電車スタイルに造られている。塗色はチョコレート色で、窓下に緑色の帯が入っているがモノクロ写真では判別が難しい。
出典：「王子電気軌道三十年史」

【王電400形→都電100形】1925（大正14）年から300形の増備として10両を新造した。設計は300形に準じて前面に丸みを持たせ、一見スマートとされる。しかし側面の戸袋部分にはなぜか窓がなく、貨物列車に窓を付けただけのような重苦しい感じを与えた。側窓が10個となり車体が短く見えるのも欠点で、乗務員にも嫌われたという。後に東京都電の100形となる。
◎船方車庫付近）　出典：「王子電気軌道三十年史」

都電（旧王電）引継車両

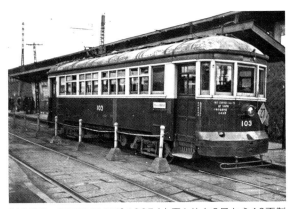

【100形←旧王電400形】1925（大正14）年9月から10両製造の木製ボギー車。101～105号が服部製作所製造で、側羽目板の下端が一直線で台枠が見えるが、東京瓦斯電気工業製の106～110号は両端が台枠まで下がっている。入口から前面に掛けては大きなカーブで構成されている。ヘッドライトに取り付けられた筒状のものは灯火カバーで、夜間の空襲の際に明かりの拡散を防ぐためのもの。市電時代の同型車と合流し100形と名乗る。一部は戦災で焼失した。
◎1949（昭和24）年12月7日　撮影：井口悦男

【120形←旧王電300形】1924（大正13）年の製造車で、都電への引継ぎ車両で最も両数が多い。全車両が荒川車庫にいたので、戦時の被害はなかったという。高床式で台枠も露出しているうえ、ステップは車内ではなく外付けのアウトステップで路面電車のイメージではない。2段窓の上段は固定窓で、下段は落とし込み開閉窓である。ごつい感じの角ばった形に特徴がある。戦災を免れた荒川車庫から都心の営業所に配属され、「都電120形」として特異なスタイルでホイッスルを鳴らしながら、銀座や日本橋などを走った。乗務員には嫌われていたようで、元の古巣・荒川車庫に戻されている。
撮影：中村夙雄（所蔵：稲葉克彦）

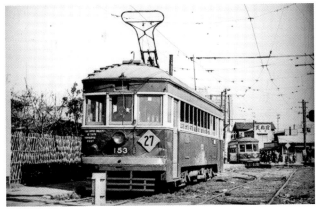

【150・160・170形←旧王電200形】旧王電200形で関東大震災の後、沿線の発展と路線延長で社運隆盛時代の車両で半鋼製ボギー車。メーカー別によって150形（「田中車輌」製で7両製造）【写真左】、160形（「日本車両㈱」製で8両製造）【写真下左】、170形（「川崎車両」製で8両製造）【写真下右】と、3つに形式が分けられた。メーカーによってボディーや扉付近など若干の外見上の違いが見られ、台車も異なっていたので別形式とされた。戦災による焼失車はなく、全車両とも荒川車庫に在籍した。昭和40年代まで活躍したが、一部は川崎市電・江ノ電などへ譲渡された。
◎撮影：江本廣一

【160形←旧王電200形】
◎飛鳥山　1957（昭和32）年2月17日　撮影：江本廣一

【170形←旧王電200形】
◎1957（昭和32）年9月15日　撮影：江本廣一

市電・都電新造車両

【1000形】1933（昭和8）年に市電が62両を新造した車両で、初期の木造車両を鋼体化した2扉の小型ボギー車。2段ステップと1段ステップがある。写真は1950（昭和25）年に荒川車庫に転入してきた最初の都電車両で、1段ステップ車両だった。車体は10mと短く、正面から見たスタイルは旧王電200形に似る。
◎飛鳥山　1957（昭和32）年2月17日　撮影：江本廣一

【2500形】1943（昭和18）年から8両を製造した木造2000形を1958（昭和33）年から鋼体化した軽量小型ボギー車。流線形を採用した独特のスタイルで、ドアの配置は7000形と同じである。車体の製造に新しい試みとして、バスの工作方法が取り入れられた。杉並線専用に作られたが、同線廃止に伴いゲージを1067mmや1372mmに改造して荒川車庫に転入させた。荒川車庫～早稲田間の32系統に投入したが、1968（昭和43）年10月付で廃止となり、当線では4年間で引退する短命に終わった。
◎飛鳥山　撮影：江本廣一

【3000形】市電時代に最多車両だった木造3000形を、戦後の1949（昭和24）年から鋼体化したボギー車両。前後2扉式で戦後の都電の代表的な形式の一つで242両を製造、1952（昭和27）年に荒川車庫に転入し一時は同車庫で25両を擁した。6000形と同じ外形で、車体寸法がやや小さい。1968（昭和43）年に駒込・錦糸堀車庫に転出して荒川線からは姿を消した。
◎荒川車庫前　1952（昭和27）年
撮影：江本廣一

【6000形】1947（昭和22）年から製造し、戦後の復興に貢献した2扉式の半鋼製ボギー車。外観は3000形を少し小さくしたものだが、収容量が大きく使いやすかった。6年間にわたり290両と大量に製造された。荒川車庫へは1966（昭和41）年、柳島・錦糸堀の両車庫廃止に伴い13両が転入してきた。1978（昭和53）年のワンマン化まで活躍し廃止となるが、5両は除外され花電車用に改造（乙6000形）された。6080号が飛鳥山公園に保存されている。
◎荒川車庫前　1971（昭和46）年2月20日
撮影：井口悦男

【7000形】1954（昭和29）年～1956（昭和31）年に掛けて、93両が製造された半鋼製ボギー車。長い期間に多数製造されたので6000形と同等、年度別とメーカー別では多少の差異がある。荒川車庫へは4両が配置された。正面2枚窓、中扉式になり、都電イメージを変えた車体とされる。
薄い青と黄色という新塗色に、都民も大きな関心を持って迎えた。都電の中でも細工の傑作で、スタイルもよく、何よりも乗り心地が良かった。1977（昭和52）年のワンマン時に車体が新造され、新7000形になった。
◎1973（昭和48）年3月24日　撮影：荻原二郎

【7500形】1962（昭和37）年、オリンピック開催に伴う都電整備のための車両だが、当時は都電最後（荒川線だけになる以前）の新造車とされ20両が造られた。8000形が不評だったので旧7000形を再検討した新造車で、正面を3面構成とし視界を大きく取った斬新なデザインだった。性能は7000形、スタイルは8000形に準ずるとして、両車の中間をとって7500形（左側）と命名された。製造コストを下げるため、バスの構造であるヘッドライトのシールドビーム2灯等を取り入れた。青山車庫の専属だったが1965（昭和40）年の同車庫廃止に伴い、荒川車庫などに転じた。ワンマン化と同時に改造工事に着手し、スワップの撤去、車内見付・出入口の改良などを施した。後に外装も赤帯から、ワンマン化を意味する青帯に変えている。2011（平成23）年3月まで活躍した。
◎1976（昭和51）年　所蔵：フォト・パブリッシング

【8000形】1956（昭和31）年からの新造車。路面電車の廃止という将来を考慮し、耐用年数を10年程度と短くして製造コストを軽くした新造車。軽量・低価格車両で131両を製造。荒川車庫には1955（昭和30）年に配置された。騒音も大きく、加えて横揺れがひどく乗り心地が悪いので、1971（昭和46）年に廃車となり短命に終わった。
◎飛鳥山　1956（昭和31）年5月29日
撮影：江本廣一

【新7000形】1955（昭和30）年に製造した旧7000形の台車や主要機器を再利用し、1977（昭和52）年からワンマン化の主力として新製した車両。ホームのかさ上げによってステップが廃止されている。運転台前面の窓を1枚ガラスにしたことは大きな進歩とされた。6000形に変わる軽快なスタイルで、「路面電車に新風を吹き込む車両」として1978（昭和53）年、鉄道友の会のローレル賞を受賞している。
◎荒川車庫前　2016（平成28）年
所蔵：フォト・パブリッシング

都電現役車両

【8500形】(1990年5月〜)各地を走っていた都電最終期の1962(昭和37)年の7000形・7500形以来、28年ぶりに新造された車両。乗り心地よく、省エネ・ハイテク車両をめざした画期的な車両として迎えられた車両。制御方式も大きく変更され半導体によるVVVF(バリアブルボルテージバリアブルフリークエンシー)制御となり、曲線的なデザインや降車扉を両開きにしたことなど、一気に荒川線の近代化をイメージさせた車両である。5両が在籍している。

【9000形】(2007年5月〜)昭和初期の東京市電をイメージしたレトロ調な姿をした形式。8500形の次に登場した車両。走行機器は8500形と同様でVVVFなど、最新の技術を採用している。沿線の活性化を目指し、8500形の近代的な姿から、一転してレトロ調となった。9000形の導入に合わせて、三ノ輪橋停留場や庚申塚停留場も改修され、懐かしい雰囲気を醸し出している。この車両がやってくるとなぜかほっとするのは私だけか。9000形は2両あり、塗色がえんじ色系と紺色系と異なっている。

【8800形】(2009年4月〜)7500形の置き換えとして導入された車両。7500形は荒川線ワンマン化の際には、ドアやステップ部分が改造され、ほぼ昔のままの形態で活躍していたが、老朽化による置き換えが決まり、8800形が新造された。本形式では、車両デザインが公募され「荒川線の未来を開く、先進性と快適性」をコンセプトに、優しさと親しみやすさのある、丸みをおびた形状となった。外部色もローズレッド、バイオレット、オレンジ、イエローの4色があり、どの車両がやってくるか、沿線で撮影するファンにとっても楽しみの一つである。また、従来の車両の約2割の省エネを実現するなど、環境に配慮した仕様となっている。10両在籍。

【8900形】(2015年9月〜)7000形の置き換え目的で製造された車両。7000形はワンマン化の際、車体部分を新製し、直線的な容姿となって活躍してきたが、特に足回りの老朽化に伴い、8900形を新造した。構造的には8800形を基本とし、外観を直線で表現した車両となった。運転席背部に15インチの液晶表示器があり、停留場案内と、沿線の広告が表示される。8901号にはつり手の一つにハート型のものが設置されている。8両が在籍。

【7700形】(2016年5月〜)7000形の置き換えが計画途中で8900形の新造を中止、7000形の更新に変更されて誕生した車両。7000形の車体や一部の装置類(冷暖房装置や放送装置等)を再利用、台車、駆動装置、シート等を更新し8900形と同等なものに交換している。昭和30年代に登場、7000形(車掌乗務)→7000形(ワンマン化、車体新造)→ 7700形(走行機器を最新のものに交換)という経緯である。車両の履歴としては60年以上に及ぶことになる。車体デザインは交通局の若手職員で構成された「荒川線アピールプロジェクトチーム」により、クラッシックモダンと称する塗装となっている。8両在籍。

※旧車両分析引用:宮松金次郎写真集「東京市電・都電」(鉄道趣味社)／高松吉太郎「夢軌道。都電荒川線」(木馬書館)
宮松丈夫「王電・都電・荒川線」(大正出版)／江本廣一「都電車両総覧」など

第2章
停留場編

【桜と荒川線】路線の愛称にも付く桜は荒川線の象徴だ。特に飛鳥山付近は江戸の頃から観桜客で賑わう。今では公園に上るのに「アスカルゴ」ができ、誰もが公園を楽しめるようになった。山裾では荒川線が路面電車で最高という急こう配区間を上り下りしながら走る。◎提供：北区立中央図書館

みのわばし

三ノ輪橋

日光街道沿いから現在地に移転
乗降ホームは併用から分離へ

【DATA】
所在地：早稲田方面（A線）＝荒川区南千住１丁目12番★三ノ輪橋方面（B線）＝荒川区南千住１丁目17番
開業日：1913（大正２）年4月1日　**停留場名等経緯**：三ノ輪橋（1942年2月1日・改称）←三ノ輪（1925年11月19日・60m西側移設出願）←三ノ輪（1913年4月1日・開設）
区間：＜当停留場＞（300m）荒川一中前　**乗降客数（令和2年度）**：3,266人

停留場経緯 ～引っ込むように現在地へ移転～

　三ノ輪（現三ノ輪橋）停留場は、王電として2番目の路線である三ノ輪～飛鳥山下（現栄町）間（三ノ輪線）の起終点停留場として、1913（大正２）年4月に開業した。同線は日光街道上を走行していた「東京鉄道・三ノ輪線」（市電三ノ輪線から31系統に）・三ノ輪停留場に接続させる目的で、同街道に直面する地点（当時・南千住通新町59、現荒川区南千住1-15付近）に設置された。一時は常磐線・南千住駅への乗り入れも試みたが、未成に終わっている。

　だが12年後の1925（大正14）年11月には、停留場から千住間道（現荒川区役所）停留場寄りの60mほどを廃止、市電から離れて引っ込み、一見不便そうな現在地（荒川区南千住1-12）への移設を出願している（37頁「古地図探訪」参照）。

　この理由として「従来使用していた三ノ輪停留場は、府県道第50号・神田千住線（国道4号線＝日光街道）と町村道第7号・箕里諏訪面線（荒川区道57号線＝三ノ輪商店街通り）の間にあって、狭隘にして付近の発展に伴い人家緻密し、車馬往来など交通輻輳して電車運転上、危険増大による事故多発、保安上危惧せざるを得ず、三ノ輪停留場を起点より3鎖（約60m）を廃止して、新たに三ノ輪停留場を新設したい」（小林茂多「行政文

書で綴る王電社史」による出願書要旨）としている。要するに危険極まりないため、移転させたいということである。

　一方当時は、停留場手前（現商店街通り）に踏切があり、危険だったことも一因だったようだ（地元説）。こうして現在地に新三ノ輪橋停留場ができ、旧三ノ輪停留場の跡地には1927（昭和2）年1月に「三ノ輪橋王電ビル」（35頁参照）が建てられるのである。

三ノ輪橋～都庁前間を走っていた都電31系統の終点・三ノ輪橋停留場付近。
◎1969（昭和44）年　撮影：井口悦男

停留場名由来 ～市電化で三ノ輪から現在停留場名に～

停留場名の三ノ輪は、当地が「北豊島郡南千住町大字三ノ輪」だったため、大字名から取って命名した。社史や路線図（沿線案内）などで「三輪」「三の輪」「三ノ輪」「三之輪」などと表記が分かれる。だが戦前にはカタカナ表記が多いし、乗り入れた旧東京鉄道線の停留場や地名に合わせたとすればやはり、カタカナの「三ノ輪」が正しいと思われる。

現在の三ノ輪橋停留場と改称するのは、市電に移行した1942（昭和17）年2月のことで、市電・三ノ輪線（後の31系統＝前頁写真）の三ノ輪橋停留場に合わせたものだ。ちなみに市電停留場は1911（明治44）年4月に「三ノ輪」で開業するが、翌1912（大正元）年12月には若干の移設と同時に「三ノ輪橋」と改称している。

停留場名由来地訪問 ～日光街道に架かっていた橋の名

停留場名・三ノ輪橋は、日光街道と石神井用水（しゃくじいようすい）が交差する地点に架かっていた橋（現台東区三ノ輪2-15付近）の名前。橋の長さは約10m、幅は約6mだったという。農業用水として音無川から分水していたが、昭和初期の用水埋め立て（暗渠化（あんきょ））の際に当橋も撤去された。「三の輪橋跡」の解説標柱が、荒川区と台東区境の国道4号線（日光街道）沿い（荒川区南千住2-1付近）にひっそりと立っている。三ノ輪は、箕（みの）の形をしたへこんだところを指す「箕輪」が変じたとされるが、入り江だったので「水の輪」などの諸説ある。

駅舎 〜ゲート型出入口は「関東の駅百選」にも〜

　開業時の当停留場は三角屋根の木造ながら、しっかりとした駅舎風の出入口を設置した【写真下】。出入口脇にはキヨスクのような売店も見える。看板の「雑」は「雑誌」の表示だろうか。

　現駅舎（出入口か）は1991（平成3）年4月、全面改修して質素な現在のゲート型【写真下左】に代わっている。

　とはいえ現駅舎は、運輸省関東運輸局などが協賛して1997（平成9）年から2001（平成13）年まで、特徴のある駅を選考した「関東の駅百選」の第1回目に選ばれている【写真下右】。選定理由は「春には見事なバラが咲き揃う、都内唯一の都電が走る停留場である」とのことである。

三角屋根の開業時の三ノ輪停留場。◎1935（昭和10）年頃　出典：「王子電気軌道二十五年史」

現在ではつるバラのアーチ型の停留場になり、懐かしいレトロ調な雰囲気を醸し出している。

関東の駅百選認定を示す構内の看板

王電の痕跡 〜健在！築100年の「王電ビル」〜

　三ノ輪橋停留場から1〜2分ほど東進した国道4号線（日光街道）沿い（荒川区南千住1-15-6）には、王電が1927（昭和2）年1月に建設した「三ノ輪橋王電ビル」が建つ【写真右】。鉄筋コンクリート3階建てで、中央には王電の社紋を誇らしげに掲げる。当時は「王子電車のりば」の表示と、大看板の沿線案内図が取り付けられていた。

　当ビルは王電の事務所用に建てられたが、事務所の拠点となる本社は既に1923（大正12）年4月に巣鴨新田に新築しているので、テナントビル（寄席などが入った）としての役割も持っていた。

　1世紀ほど前の建物ながらいまだ健在で、写真館所有のビルとなり現役として活躍している。社紋は当然に外されてはいるが、往時をしのばせる文化財級の貴重なビルである【写真下】。当ビル脇から三ノ輪橋停留場に行くには、1階部分の通り抜け通路をくぐるようにして

辿る必要がある。一見では停留場に至る順路が分かりにくいので、以前も同通路には行き先表示の案内が掛かっていた【写真下左】。今では「荒川線入口」に代わったが、王電時代の名残を残す表示である【写真下右】。

建設当時の「三ノ輪王電ビルディング」で社紋が誇らしげだ。建設から100年近くが経つ旧王電ビルは、今では「写真館」が入りしっかりと残っている。
◎出典：「王子電気軌道三十年史」

都電に移行してから30年後でも、王電入口の表示が残っていた。この下の通り抜け通路をくぐって三ノ輪橋停留場に出る。三ノ輪銀座商店街は現在のジョイフル三の輪商店街（愛称）だ。◎1975（昭和50）年4月30日　撮影：森川尚一

「王電入口」から「都電荒川線入口」に変わったが従前の名残を残す。左の写真館は昔と同じだが、右側の果物屋さんは花屋さんになっていた。

都電関連施設 ～構内に都電PRの「おもいで館」～

停留場の構内には「三ノ輪橋おもいで館」（荒川区南千住1-12-6）がある【写真下】。昔の駄菓子屋風の雰囲気で、懐かしい外観。都電荒川線を始めとする都営交通をより便利に利用してもらおうとして、都交通局が2018（平成30）年10月にオープンした施設である。

沿線をモチーフにした都電のジオラマ【写真右】が子供たちにも人気だそうだが、都営交通のお宝も多く展示してある。乗車券やグッズも販売していて、都電ファンでなくても楽しめる。

管理（店番）をしている元都電運転士だったという博学・Sさんと意気投合し、1時間近くも都電談義で盛り上がってしまった。

三ノ輪橋停留場構内にオープンした都電PR用の「三ノ輪橋おもいで館」

小さいながらも都電ジオラマが子供たちに人気だ

近接駅 ～東京メトロ日比谷線・三ノ輪駅～個性的駅舎～

当停留場の連絡駅として、東京メトロ・日比谷線の「三ノ輪駅」がある。近くには「日比谷線はこちら」の矢印もあり、連絡駅としての役割を果たしているようだ。

1961（昭和36）年3月に当時の営団地下鉄（帝都高速度交通営団）・日比谷線が延伸した際に開業した駅で、所在地は荒川線の「三ノ輪橋停留場」（荒川区南千住）と異なり台東区（根岸5-19-6）にある。

駅名は当時の地名「台東区三ノ輪町」から取ったので「橋」は付かない。改札からホームまで253mと深い駅で、ユニークなデザインの駅舎が建つ【写真下＝3番出入口】。

個性的なデザインの日比谷線三ノ輪駅の3番出入口側駅舎

王電・都電びと 〜 34年越しの店「都電屋」を開店の藤田孝久さん〜

三ノ輪橋停留場を出て、「ジョイフル三の輪」（三の輪銀座商店街）入口の直ぐに「都電屋」の看板の店が見えてくる【写真左】。

店の入り口には、王電の昭和10年代の沿線案内とジオラマ、店内にはサボや駅名標など、全国の鉄道グッズが所狭しと飾られている【写真右】。都電好きが開いた店舗ということが瞬時にわかる。奥の大きなスクリーンには、前面展望などの迫力ある鉄道風景が常時写し出されている。圧巻だ。1階カフェの小田急ロマンスカーの座席で、牛肉100%の「都電バーガー」を頬張る。その味とボリュームはお勧めである。

沿線には、これほど都電や荒川線にこだわっての店は他にない。出店した藤田孝久さんは元荒川区役所の職員だった。41歳の時に「鉄道をテーマにしたサロンを経営するために」と退職するがかなわず。そこで28年前から古書店をスタートさせ6店舗にまで拡大（現在は1店舗）し2年前の2019（令和元）年、34年越しにやっと念願の「都電屋」を開店した。現在では1階にカフェ、2階にホテル、3階にサイクルジムと、幅広く事業を展開している。

「新型コロナの影響で経営的は非常に厳しいのですが、応援していただいている沢山の皆さんのために頑張ります」と意気込む。同世代ながら、前向きな生き方に敬服させられた思いがした。

いっぱいの都電グッズが迎えてくれる「都電屋」の店頭に立つ藤田さん

店内はこだわりの鉄道・都電グッズが所狭しと飾られていた。

【古地図探訪】

開業時の当停留場（「三之輪」の表記）は、現日光街道を走る東京鉄道（旧東京市街鉄道。後の市電）線・三ノ輪橋停留場に接続するように延びていた（左地図）。その直後に60mほど後退して西進し、市電から離れた現在地に移設する（右地図）。

南側の東西に横断する鉄道は常磐線。東側の目前には王電が一時、三ノ輪からの延伸を目論んだ南千住駅がある。

下地図西側の「屠獣所」は牛・豚などを食肉に加工する施設のことで、現在は区立第六瑞光小学校になっている。

（大正7年）

（昭和7年）

【停留場いま&むかし】

日光街道沿いから移転した当時の現三ノ輪橋停留場は、相対式ホームが島式ホームを挟む「ヨの字型」の、3面2線の行止式であったようだ。荒川車庫前側に両渡りポイント（ダブルクロス）があり、1番線2番線に振り分けられていた。その後に、直線相対式ホームとダブルクロスの組み合わせの「コの字型」に改修される【写真右上】。左写真には三ノ輪橋を発車した赤羽行き7061号と、次の発車を待つ7073号が写っている。

1978（昭和53）年のワンマン化を機に降車専用ホームを手前に設け【写真右下】、先方で1線となる乗車専用ホームへと至る線形に変更した。ポイントが一つだけで済み、合理的な配線となるからだ（40・41頁参照）。

乗車ホームを単線化することで、その周辺が広くなり、花壇や公衆トイレも整備され、散策者にもありがたい配慮がなされている。ホーム上屋や壁面、駅名標等はレトロ調に改修されており、ゆったりとした空間となっていた。降車ホームには7700系が停車している。新旧写真の奥に見える建物は現在の「都電おもいで館」で、屋根の形からリフォーム建物であることがわかる。

◎1968（昭和43）年　撮影：日暮昭彦

奥の降車ホームで下車した後に、手前の乗車ホームでエンド交換をしたのち乗車客を迎える

【配線図今昔】

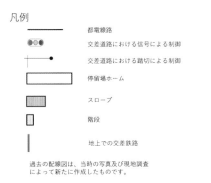

凡例

———	都電線路
●●●	交差道路における信号による制御
┼	交差道路における踏切による制御
▭	停留場ホーム
▨	スロープ
▥	階段
▮	地上での交差鉄路

過去の配線図は、当時の写真及び現地調査によって新たに作成したものです。

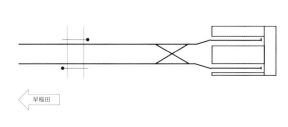

三ノ輪橋　移転時

←早稲田

三ノ輪橋　昭和40年代

一番線ホーム
二番線ホーム
←早稲田

三ノ輪橋　現在

降車ホーム
乗車ホーム
←早稲田

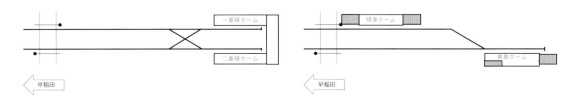

三ノ輪橋アルバム

写真の7507号の左手に電光掲示板が見える。「今度ノ発車・1」とあり、「先発電車は1番線から出る」と分かるようになっていた。
それにしては手前の先発電車の脇を過ぎて、2番線方面に向かう人が3人写っている。次の電車に乗ろうとしているのだろうか。
◎1970（昭和45）年5月22日　撮影：井口悦男

写真の時代は赤羽行きと荒川車庫行きが並んでいるように、乗車ホームは現在と異なり両面の2線があった。◎1970（昭和45）年5月1日　提供：北区立中央図書館（撮影：菊谷靖）

写真では乗車ホーム手前に「三輪橋の標柱」が新たに立てられている。現在でも別位置に立っているが同じ標柱だろうか。
◎1975（昭和50）年4月30日　撮影：森川尚一

現在では出発専用ホームが1つに限定されて、分かりやすくなっている。ホーム周辺は現在ではレトロ調に装飾されている。
ホーロー看板が懐かしさを醸し出す。

【乗降口変更直後】乗降ホームを変更した直後の写真。以前は手前の2つの対向ホームで降車し、空車となった電車に乗車して荒川車庫方面に向けて出発していた。2線があった乗車ホームの1線が撤去された直後の写真で、レールを剥いだ痕跡も真新しい。
◎1986（昭和61）年6月　撮影：諸河久

【現在の乗車ホーム】現在は乗客は上側のホームで下車し、手前のホームで乗車する。以前は手前の2路線ホームが単線ホームに替わっている。左側の商店通りも大きく変化してきた。
◎2020（令和2）年8月27日　撮影：藤田孝久（管理者の許可を得て撮影しています）

あらかわいっちゅうまえ

荒川一中前（副停留場名：ジョイフル三ノ輪前）

荒川線で最も新しい停留場
地元商店街の誘致で設置へ

【DATA】

所在地：早稲田方面（A線）＝荒川区南千住1丁目1番★三ノ輪橋方面（B線）＝荒川区南千住1丁目21番
開業日：2000（平成12）年11月11日　**停留場名等経緯**：荒川一中前（2000年11月11日・開設）
区間：三ノ輪橋(300m)＜当停留場＞(303m)荒川区役所前　**乗降客数（令和2年度）**：699人

停留場経緯 ～地元の誘致運動が実り設置へ～

　当停留場は、地元商店街の熱意によって新設されたものである。

　停留場近くの「ジョイフル三の輪商店街」（三の輪銀座商店街）が活性化対策の一環として、都電停留場の誘致に乗り出し陳情を重ねた。40年程前のことである。だが人頼りではなかなか話が進まないことから1998（平成10）年5月頃、本格的な誘致運動に取り組むことにした。そして2万人ほどの署名を集め、「住民の総意」として都や区への要望を続ける。その熱意が通じて2年後の2000（平成12）年7月、都議会本会議で設置が本決まりとなり工事に入る【写真右段左上】。

　停留場名には「荒川総合スポーツセンター」「南千住一丁目」などが候補に上がったが、停留場目の前の「公立中学校である荒川第一中学校の名を付けた」ことや、建設にあたっては「地元負担もあり、その資金集めに苦心した」と、誘致運動のリーダーだった商店街理事長・髙木義隆さんは当時を振り返る。地元の誘致運動の成果として、同停留場には商店街名の「ジョイフル三ノ輪前」の副停留場名が付く【写真右段右上】。

　荒川線が新駅を設置するのは、滝野川一丁目停留場の開設（1953年）から44年ぶりだった。同ホームでの開業式典【写真右下3枚】は、記念電車が初出発する2000（平成12）年11月11日11時11分という、ゴロの良い時間に合わせて挙行した。

工事中の停留場。
提供：髙木義隆

停留場に隣接する商店街「ジョイフル三ノ輪」の副停留場名が付く。

住民とともに開いた式典。
提供：髙木義隆

誘致に尽力した面々。
提供：髙木義隆

開業祝いのヘッドマークを付けて出発。
提供：髙木義隆

停留場名由来地訪問 ～荒川第一中学校～

　本停留場名となっている「荒川一中」は1947（昭和22）年5月の創立で、旧荒川国民学校などがあった跡地（荒川区荒川1-30-1）に建設された。校歌は映画「蒲田行進曲」主題歌や慶応大応援歌「若き血」などの、堀内敬三（1897～1983）が作詞・作曲している。

　「新たに築く日本の　力ぞ我等若き者　一つの理想に集い来て　ちぎりは堅き師と友の　母校」で始まり、3番には「清きひとみは荒川のかがやく波と永久に…」と地元・荒川が歌い込まれている。

副停留場名地訪問〜「都電熱愛」が似合うジョイフル商店街〜

商店街名の「ジョイフル三ノ輪前」という、副駅名が付く商店街を歩いてみた。

同商店街は停留場の目の前にあり、正式には「三の輪銀座商店街」（荒川区南千住1-18-5一帯）という。150軒ほどの店がアーケードの下に並ぶ。「停留場上屋に表示されている副停留場名が、商店街の『三の輪』ではなく『三ノ輪』となっているのは、手続きミスだったという」（髙木理事長）。

同商店街は、三ノ輪橋停留場から荒川一中前停留場まで、400mほどにわたって伸びる大きな商店街である。入口には都電のイラストが掲げられ、買い物客を迎える【写真左】。大正時代からの歴史ある商店街で、各店が「チンチン電車に会える街」の意識で店を構えているという。

歩いていると、なるほどというくらいの都電に出会うことができる。商店街に入るといきなり、その名もずばり「都電屋」【37頁参照】というカフェに出会って驚かされる。さらに足を進めると、「都電ブレンド」を出す喫茶店【写真中】や都電グッズを兼売する古書店などが目に入る。

途中では「ゆる鉄写真」で有名な中井精也さんが出店していた「ゆる鉄画廊」（2021年9月からは地元団体「みのわまちづくり工房」が運営）が見えてくる【写真右】。ふっくら笑顔・中井さんの等身大写真が飾られた店内に入ると、独特のゆったり風・鉄道写真が並ぶ。奥には撮り鉄応募の写真がギャラリーを飾る。私は著書「デジタル鉄道写真の撮り方」を購入、精算時に「ゆる鉄画廊駅」と銘打った硬券きっぷをプレゼントして頂いた。

店員の話によると「3年前の2018（平成30）年5月にオープンした。店は中井の好きな荒川線か、小湊鉄道の沿線のいずれかに出店したかったが、地理的な点からここを選んだ」とのことだ。

商店街を抜けて感じたことは、「ジョイフル三の輪」ではなく、「都電熱愛商店街」という名前の方がお似合いではないかということであった。

都電のモニュメントが迎えてくれるジョイフル三の輪商店街（荒川一中前停留場口）

「都電ブレンド」を出す喫茶店の看板

「ゆる鉄画廊」　撮影：2021年7月

【古地図探訪】

地図中央の「肥料会社」は旧日本肥料会社で、跡地には国民学校が設けられ、その後に荒川高・荒川工高を経て現荒川一中が建った。荒川一中前停留場ができるのはこれから半世紀以上後のこと。南側の「☿」記号は工場である。

線路の西北に見える「千住間道」は現在の「荒川区役所前停留場」。

（昭和6年）

【停留場のいま】

荒川線で最も新しい停留場だ。停留場は約400mのアーケードが続く、ジョイフル三の輪商店街の終端側に位置している。ここに向かい合わせの相対式ホームが新設された【前頁写真参照】。

ホームからスロープを降りて道路に出ると、右側すぐにジョイフル三の輪商店街の入口が見えてくる。停留場開業20周年を祝う横断幕が商店街になびいていた。ホーム上部にある停留場名「荒川一中前」の表示には、副駅名として「ジョイフル三ノ輪前」とある。誘致運動で設置に導いた商店街の熱意が感じられる。

【配線図今昔】

荒川一中前　　現在（新設）

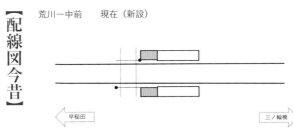

← 早稲田　　　　　三ノ輪橋 →

荒川区役所前

あらかわくやくしょまえ

「千住間道」の停留場名で開業
荒川に接していない現在の荒川区

【DATA】
所在地：早稲田方面（A線）＝荒川区荒川１丁目33番★三ノ輪橋方面（B線）＝荒川区荒川１丁目25番
開業日：1913（大正2）年4月1日
停留場名等経緯：荒川区役所前（1962年10月1日・改称）←三河島二丁目（1942年2月1日・改称）←千住間道（1936年5月7日・位置変更）←千住間道（1932年10月16日・位置変更）←千住間道（1913年4月1日・開設）
区間：荒川一中前（303m）＜当停留場＞（448m）荒川二丁目　**乗降客数（令和2年度）**：1,689人

停留場経緯 ～開業時の「千住間道」の名を沿道に残す～

1913（大正2）年4月の開業時は「千住間道停留場」と称した。当時も賑わう道路だったので停留場を設置したのであろう。千住間道という道路【写真左】は現役で、明治通りのサンパーク荒川～南千住警察署入口間の「区道荒104号線」を指す。

開業時の停留場名を探すと「千住間道グリーンスポット」（荒川区南千住6-26-13）が存在することを聞く。停留場から交通の激しい千住間道沿いを北側に5分ほど進むと、道路左側にほんのわずかな土地を有効活用して設けたグリーンスポットに出会う【写真右】。旧道の面影を残そうとする人々の思いが伝わってきて嬉しくなる。他にも「間道商興会」（商店街）などがあり、千住間道は地名としても生きていた。

「千住間道」の停留場名は市電に統合された1942（昭

和17）年2月、町名の「三河島二丁目」に改称された。その後に住居表示直前の1962（昭和37）年10月、旧区役所（現荒川区民会館）に近いことから「荒川区役所前」（一時の期間に「荒川区役所」の説も）と変更する。この経緯の中で停留場は、地図上では南北に数回移設されている。

広めの現千住間道を横断する荒川線車両

小さな土地を生かして設けられた「千住間道グリーンスポット」

停留場名由来地訪問 ～荒川沿いでなくなった荒川区～

現停留場名の「荒川区役所」（荒川区荒川2-2-3）は、当停留場から徒歩5分ほどのところに建つ。荒川区も他の区と同様、1932（昭和7）年10月に誕生した区だ。旧北豊島郡の南千住町・三河島町・尾久町・日暮里町の4町が統合しで発足した。

旧三河島町役場庁舎を継続して使うことになったので一時は「三河島区」とする案もあったが、シンボルの河川から「荒川区」となったという。だがその荒川も放水路整備によって隅田川となり、現在では荒川に接していない荒川区になっている。荒川は「荒ぶる川」の意味とのこと。

区になった直後の区役所は、現在の「荒川区民会館（サンパール荒川）」が建つ場所（現荒川-1-1）に所在していた。1968（昭和43）年7月には、近くの旧日立運輸㈱の

倉庫（工場跡）があった現在地（荒川2-2-3）に建設・移転する。停留場から5分ほど西側に歩くと7階の立派な現庁舎が見えてきた。

広大な会社跡に建つ現在の荒川区役所庁舎

開業時の「千住間道停留場」の北側を東西に走るのが「千住間道」という道路で、今も健在だ。

当初の区役所庁舎は、王電線路の西側にみえる「1187番地付近」（現区民会館）先に建てられた。周辺にはまだ田畑が多いが、この頃から周辺には工場が増えてきて都市化が進む。

当停留場付近から町屋駅前付近までは、緩やかな勾配を上りながら進んでゆく。

（大正5年）

【停留場いま＆むかし】

開業時、バラスト軌道（路盤の上に砕石、枕木、レールを敷いた構造）のホームは石積みであったが、現在はかさ上げされ【下写真】コンクリート造りとなっている。現在では踏切の手前にあった三ノ輪橋方面ホームは踏切の先（三ノ輪橋方）に移設され、斜めに向かい合う千鳥式ホームから向かい合わせの相対式ホームとなった。付近は3階建て住宅が多いが、近くを走る明治通り沿いはビル群となってきた。

左写真の車両は、いわゆるバス窓が特徴の8000形。ゴムによりガラスを支える窓の上半分が断面H型の支持方式で、車体の軽量化を目指してバス構造を取り入れた車両だ。都電全盛期から末期にかけて活躍した。

右上写真は現在の同じ場所での三ノ輪橋行きの8800形だが、車両も線路も交差する道路も今ではすっかり新しくなっている。

◎1970（昭和45）年12月6日
撮影：荻原二郎

かさ上げされた
現在のホーム

【配線図今昔】

荒川区役所前　昭和40年代

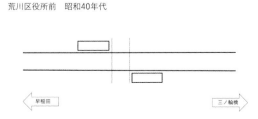

荒川区役所前　現在

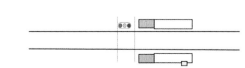

荒川二丁目（副停留場名：ゆいの森あらかわ）

消えた地名の「三河島」で開業
王電時代には三ノ輪車庫が所在

【DATA】
所在地：早稲田方面（A線）＝荒川区荒川2丁目37番★三ノ輪橋方面（B線）＝荒川区荒川8丁目25番
開業日：1913（大正2）年4月1日
停留場名等経緯：荒川二丁目（1961年10月1日・改称）←（戦中は通過）←三河島（1928年11月20日・汚水処理場運用開始等に伴うルート変更で移設）←三河島（1913年4月1日・開設）
区間：荒川区役所前（448m）＜当停留場＞（348m）荒川七丁目　**乗降客数（令和2年度）**：845人

停留場経緯 〜行政上から消えた伝統地名・三河島〜

　下水処理場（現水再生センター）や三ノ輪車庫ができたことから、当地に停留場を設置したようだ。停留場名は1913（大正2）年4月、地名（北豊島郡三河島町大字三河島）から取って「三河島」として開設した。歴史ある地名の三河島だが1932（昭和7）年9月、区制施行とともに荒川・町屋・東尾久・東日暮里・西日暮里となり、行政上の地名からは消えてしまう。今ではJR常磐線・三河島駅【写真上】などで旧地名が残るものの、施設などからも少しずつ減って寂しくなっている。

　開業時の停留場名にゆかりのある三河島駅に、日暮里・舎人ライナーで乗り継いで常磐線に足を延ばす。三河島駅は1905（明治38）年4月、日本初の私鉄「日本鉄道」の駅として開業した【写真下】。最近の乗降客数は、JR東日本の23区の駅では下から4番目に少ないという。昼間なのでやむないと言えるが、駅前は閑散としていた。改札口も一つだけだったので、確かに23区内の駅としては小規模といえよう。

　自分の世代としては1962（昭和37）年5月に駅構内で起こった、貨物列車と上下2本の列車が衝突し死者160人・負傷者296人を出した「三河島事故」の方が印象深い。

　旧三河島停留場は、住居表示制度に伴い1961（昭和36）年10月、町名の「荒川二丁目」と改称し現在に至る。

　旧王電は現西側の道路上（併用軌道）を走っていたが1928（昭和3）年11月、東京市汚水処分場の新設に伴い西側（専用軌道の現路線。社史では「三河島変更線」）に移設されている（48頁「荒川七丁目」の地図参照）。

高架下の常磐線・三河島駅は昼間のためか、やや静かな雰囲気だった

開業50周年を迎えたときの常磐線・三河島駅構内。
提供：荒川区広報課

王電の痕跡 〜今なお残る「三ノ輪車庫」の様相〜

　王電では飛鳥山下（現栄町）から三ノ輪までを敷設することとなり、1912（明治45）年5月に軌道工事に着手する。同区間の開業に備えて車庫が必要となり同1912（大正元）年7月、北豊島郡三河島村大字大豆田1150番地一帯（現荒川区荒川1-6-1）に「三ノ輪車庫」を竣工させた。

　こうして準備万端の末、1913（大正2）年4月に三ノ輪までの乗り入れが実現する。だがその後に「船方車庫」（現荒川車庫＝荒川電車営業所）が新たに完成すると、

車庫機能は徐々に同車庫に移ってゆく。

　旧三ノ輪車庫跡地は当停留場の南側にあり、現在はスーパーマーケット【写真左】になっていた。

旧三ノ輪車庫跡は現在ではスーパーマーケットになっている

地図表記の「みかはしま」(三河島)が現在の「荒川二丁目停留場」。

南側には王電の「三ノ輪車庫」があった(上段「王電の痕跡」参照)。

右写真東側の「市三河島汚水処分場」(現三河島水再生センター＝荒川8-25-3)は下水処理場で、「沈殿池」は処分場から出る密度の重い物質を沈降させるための池。「濾過床」は水をろ過する施設。

同施設の新設により1928(昭和3)年11月、現西側の併用軌道(現サンパール通り)を走っていた王電の路線は、東側に新設した専用軌道(現ルート)へ移設されている(右地図)。

同地内のポンプ場施設は1999(平成11)年に稼働停止となり、跡地は国の重要文化財に指定された。構内には地元要望で人工基盤を構築し緑化を図り、自然公園・テニス場も完成、住民のよい散策コースになっている。

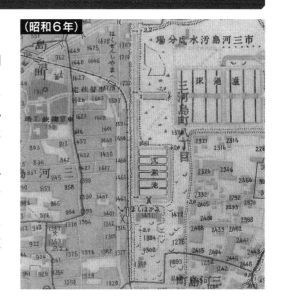

(昭和6年)

開業時は石積みホーム、軌道上はコンクリート及び簡易舗装となっている。掲載の写真では軌道上はバラストである。

ホームの位置は三ノ輪橋方面、早稲田方面ともに入れ替わっている。いずれも踏切の手前にあったホームが、その場所を交換するように踏切の先に設ける形となった。バリアフリー化工事の際、ホームを同じ位置でかさ上げするのではなく、別の場所に新設したためと思われる。逆千鳥式ホーム(渡った先にホームがある方式＝166頁「用語」参照)である。

左写真は三ノ輪橋に向かう6000形だが、2台が連なる「団子運転」(168頁用語参照)となっている。現在では運行管理がしっかりなされているため、こうした団子運転は発生しないようだ。

右写真は我が国初の近代下水処理場として、重要文化財に指定されている旧三河島汚水処分場ポンプ場を左手に見ながら、三ノ輪橋に向かう8803号と停留場に停車中の早稲田行8805号

◎1970(昭和45)年12月6日　撮影：荻原二郎

【配線図今昔】

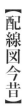

荒川二丁目　昭和40年代

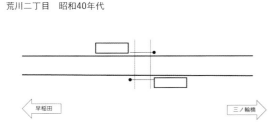

荒川二丁目　現在

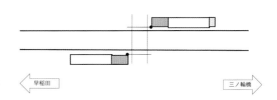

荒川七丁目

併用軌道から専用軌道ルートへ
火葬場名の「博善社前」で開業

【DATA】

所在地: 早稲田方面(A線)=荒川区荒川7丁目9番★三ノ輪橋方面(B線)=荒川区荒川7丁目6番
開業日: 1913(大正2)年4月1日 **停留場名等経緯:** 荒川七丁目(1961年10月1日改称)←三河島八丁目(1942年2月1日・改称)←博善社前(1928年11月20日・汚水処理場運用開始等に伴うルート変更で移設)←博善社前(1913年4月1日・開設)
区間: 荒川二丁目(348m)<当停留場>(373m)町屋駅前 **乗降客数(令和2年度):** 473人

停留場経緯 〜火葬場の民営施設名で発足〜

　火葬場へ向かう参列客のために設置した停留場である。開業時の停留場名は1913(大正2)年4月、程近くにある広大な民間火葬場【写真上】の名称から取って「博善社前」とした。当時の地図では田んぼの中にポツンと建っている。

　旧東京博善社が経営する火葬場は現在でも「東京博善町屋斎場」(荒川区町屋1-23-4)として同地に健在であった。1904(明治37)年に日暮里から移転して、「町屋火葬場」と合併した葬祭場だ。1世紀以上の古い歴史を持つ。

　広大な敷地に構える建物【写真下】は1994(平成6)年6月、全面改築されより一層の厳かになった。最近では

漫画家の藤子・F・不二雄や俳優・松方弘樹などの火葬・葬儀が行われたという。

　開業時の千住間道(現荒川区役所)〜当停留場間は、西側の道路(現サンパール通り)の上(併用軌道)を走っていた。だが下水処理場の新設などにより1928(昭和3)年11月、東側の専用軌道である現在のルートに変更している【地図】。

　1942(昭和17)年2月、市電化によって民間会社名を由来とする停留場を止めて、地名の「三河島八丁目」と改称する。1961(昭和36)年10月の住居表示に伴う地名に合わせて、現在の「荒川七丁目」に変えている。乗降客数は荒川線30停留場のうち最も少ない。

日暮里から移転してきた東京博善社が経営し、当時は町屋日暮里火葬場と呼ばれた。
◎1936(昭和11)年
出典:「荒川区史」

現在でも立派な建物が並び、多くの葬儀が厳かに行われていた

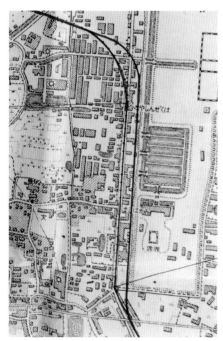

王電出願書添付書類(※青線…移設前／赤線…移設後)◎所蔵:国立公文書館

沿線トピックス ～匂い対策で夏季に運転の「香水電車」～

　はるか昔には沿線では農業を営む者が多かったせいか、独特のニオイが車内に吹き込み悩まされた。

　「窓を開けっ放しの夏には、沿線のニオイが車内に影響する。博善社から下水道処理場周辺のニオイをいまだに記憶しているという」と、西尾久在住の元王電職員が語っているように、異臭が漂っていたようだ。

　「都電27系統」（後の荒川線）では1954(昭和29)年7月から1960（昭和35）年までの7年間、「香水電車」という車両を走らせている。

　現在では企業の環境対策も行き届いたことや車内の冷暖房も整備され、こうした不快感はなくなり快適な車内になっている。（参考：交通局「都電」、荒川ふるさと文化館「王電・都電の車窓から」）

【古地図探訪】

　地図表記の「はくぜんしゃまへ」（博善社前）が現在の「荒川七丁目停留場」。汚水処理場北側の「火葬場」の表示が「博善社」が経営する葬祭場で、王電の停留場名（「善社前停留場」）に採用された。

　当区間は西側の道路上（併用軌道）を走っていたが、地図では東側に移動した後の専用軌道のルートになっている。

　西南側の大きな鉄骨加工等の「東京建鉄工場」は、製紙工場（日本建紙会社）などを経て、跡地には現在「区立町屋文化センター」などが建つ。

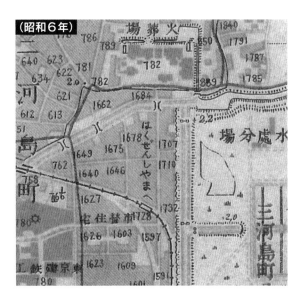

（昭和6年）

【停留場いま&むかし】

　荒川二丁目を出て直線区間が終わり、左へ曲がったところが荒川七丁目の停留場だった。当初は石積ホームで、軌道敷は簡易舗装だったとされる。写真での軌道敷はバラストに見えるので、途中で改修したのかもしれない。

　踏切手前にホームがあり、千鳥式ホームであったが、早稲田方面のホームだけが踏切の先に移設され、向かい合わせの相対式ホームに替わっている。踏切は石畳だったが、新旧写真を比較するとアスファルト舗装に変わったようだ。

　右写真の当停留場では6209号が、曲線状のホームに停車している。踏切の先は左側の住宅につながるのみであって交通量は少ない。

◎1970（昭和45）年12月6日　撮影：荻原二郎

【配線図今昔】

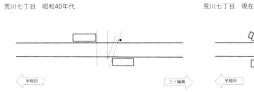

荒川七丁目　昭和40年代

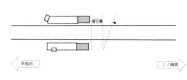

荒川七丁目　現在

町屋駅前

「稲荷前」時代に京成が乗り入れ
住民の強い熱意で停留場を開設へ

【DATA】

所在地：早稲田方面(A線)＝荒川区荒川7丁目50★三ノ輪橋方面(B線)＝荒川区町屋1丁目1番
開業日：1927(昭和2)年7月27日　**停留場名等経緯**：町屋駅前(1977年5月改称)←町屋一丁目(1942年2月1日・改称)←稲荷前(1927年7月27日・開設)
区間：荒川七丁目(373m)＜当停留場＞(359m)町屋二丁目　**乗降客数(令和2年度)**：8,555人

停留場経緯 ～「町屋」名を隣停留場から譲り受け～

開通から14年が経った1927(昭和2)年7月、「稲荷前」【54頁・町屋二丁目欄地図参照】として開設された停留場。停留場の北側にある通称・町屋稲荷神社の「原稲荷神社」(町屋2-8-71＝写真)が命名の由来だ。

同稲荷は徳川家康が江戸入府した1590(天保18)年、三河(愛知県)の農民が当地に移住してきたときに創建されたという。

王電も他の私鉄と同じように乗客増の手段として、

停留場名には参詣客の多い神社仏閣などを多く採用している。当神社はそれほど大きな神社ではないが、地元では停留場名が付くほど敬愛されていたのだろう。

戦時中の1942(昭和17)年2月の市電移行と同時に、町名の「町屋一丁目」と改称する。だが1931(昭和6)年12月の京成電軌(現京成電鉄)・町屋駅(荒川区荒川7-40-1)の開設に加え、1969(昭和44)年12月に地下鉄千代田線が当駅地(荒川区荒川7-50)へ乗り入れると、両駅への連絡停留場であることを周知する目的が生じる。併せて当町屋一丁目と隣の町屋二丁目が、似たような停留場名だったので、混乱回避などから1977(昭和52)年5月に現在の「町屋駅前」と変更した。

王電・都電の後から開業した京成・地下鉄の両駅の方が、本来なら古くから開業している「都電町屋駅前」などと命名すべきだろうが、乗降客数等からはそうはいかなかったようだ。

停留場名由来の町屋駅前にある原稲荷神社

沿線トピックス ～住民運動で開業の町屋駅前停留場～

現在の「町屋駅前停留場」は、1913(大正2)年4月の飛鳥山下～三ノ輪間開業時から設置されていたわけではない。王電は「三河島町字高畠付近一帯は近時長足の発展を来たし、地元に於いて軌道を横断する道路を新設したる等交通もまた頻繁となっている。加えて関係地方有志より停留場設置の請願もあり……」(認可申請要旨)として1927(昭和2)年7月、停留場新設を鉄道

大臣等に願い出ている。

関係有志とは王電が停車しないで不便を感じていた人々で、「新設停留場期成同盟会」を結成して誘致に乗り出す。

要望理由は「町屋(現町屋二丁目)～博善社(現荒川七丁目)間は、魔個所と呼ばれるほど事故の発生を見ている。専用区間の距離があるため運行速度が上がって

いるのに、人々は無理して線路を渡ろうとする。ここ1カ年間で4人が電車で即死している」とする。その上で「設置して頂けるのなら、停留場の土地が不足した場合には、町民がホーム等の費用全部を負担する」の条件も付けた。

そして最後に「停留場が新設されれば、土地の利便性は高まり、ひいては会社側にとっても、空電車が減って増益するし、また事故も減る。当地への停留場開設は、沿線地域の発展と会社経営の発展に結びつく」と、設置意義を強調し「会社は大英断な行動で新設を願いたい」と結ぶ。

要望は会社を動かし1927 (昭和2) 年7月、待望の「稲荷前停留場」として設けられる。2000 (平成12) 年11月に、「荒川一中前停留場」が住民要望によって新設されているが、王電開業後に新設された宮ノ前・滝野川といった停留場も、同様の誘致停留場で開業されている。
(参考：国立公文書館所蔵文書)

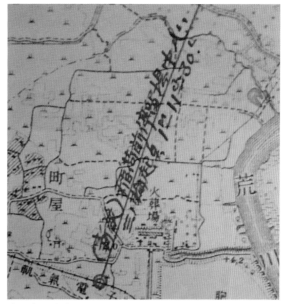
出願書に添付の設置個所を示す地図。所蔵：国立公文書館

近接駅 ～京成電鉄・町屋駅～念願の都心延伸での開業～

京成電鉄・町屋駅【荒川区荒川7-40-1＝写真左】は、王電・稲荷前 (現町屋駅前) 停留場 (1913年4月開業) から18年後の1931 (昭和6) 年12月に設置された。

当時の京成電気軌道 (現京成電鉄) は、都心への進出に苦心しており、一時は同線・向島駅から敷設した「白鬚線」を延伸させ、王電・三ノ輪停留場を経由しての乗り入れ計画も持っていた。

当駅は京成電軌が他会社(筑波高速度電気鉄道)の免許線を買収・活用して、ようやく都心・上野公園(現京成上野)駅への乗り入れが実現した時に開業した。京成電軌としては念願が叶い、希望に燃えて開業した駅である。

旧営団地下鉄千代田線・町屋駅【荒川区荒川7-50＝写真右】は1969 (昭和44) 年12月に開業。本来の計画線は小田急小田原線・喜多見～松戸方面(千葉)間との相互乗り入れでの開業を計画していた。だが小田急電鉄の相模線建設などから喜多見駅の起点を断念、代々木上原～綾瀬間で建設した路線の途中駅だ。両駅とも町屋駅前停留場から近く乗り継ぎも便利で、交通に恵まれた地域であることを実感する。

都電・町屋駅前は京成・町屋駅等の駅前を指す。

地下鉄千代田線・町屋駅もあり便利な場所だ。

【古地図探訪】

開業時の「稲荷前」名で記載されている。京成線が縦断して走り始めての「京成町屋駅」が見える。

西側に「まちや」の表示が見える停留場は、現在の「町屋二丁目」で当「町屋駅前」ではない。北西側の鳥居 (⛩) の記号が、開業時の停留場名・稲荷前由来の「原稲荷神社」である。当地図は「荒川区詳細図」なので、第四・第九の峡田小学校も校名入りで載っている。

出典：「荒川区詳細図」(日本統制地図)

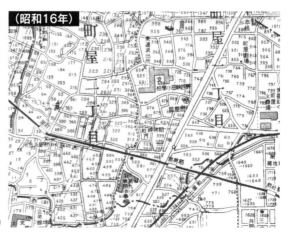
（昭和16年）

【停留場いま&むかし】

開業当初の軌道敷は簡易舗装（今でいうアスファルト舗装か）、ホームは石積みであった。軌道敷は簡易舗装から、今ではバラストとなっている。

下写真の「町屋一丁目」時代には、三ノ輪橋方面のホームは尾竹橋通り踏切の手前にあった。現在は踏切の先（三ノ輪橋側）に移設されている。京成電鉄（旧京成電軌）の駅に近づいたことで乗換駅としての機能が高まったからの移設だろうか。ただホームで人の流れを観察していると、京成線（年間乗降客数・15,720人）よりも千代田線（同48,181人）方面に歩いていく人が多い。商業施設も集積している。

下の写真に見える「銀座商●会」は「商店会」かと思って、昔から商売をしている花屋さんに尋ねたら「銀座商店会ではなく銀座商和会」とのことだった。現在は名前が「まちだアベニュー」（愛称）となっていた。都電踏切から北へ向かう尾竹橋通りバス停2つ分がそれ。商店街の入口看板であった。

写真は三ノ輪橋方面のホームに止まる7000形。後続は6000形。当時はこうした「団子運転」が多く見られた。

下写真は旧ホーム付近を行く9000系の三ノ輪橋行き。9000形は荒川線の活性化策として、2007（平成19）年に投入された車両だ。内外装ともにレトロ調に仕上げられている。

◎1970（昭和45）年12月6日　撮影：荻原二郎

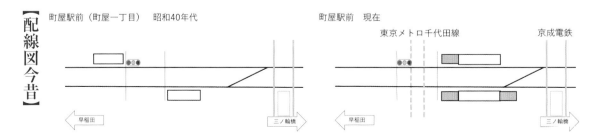

【配線図今昔】

町屋駅前（町屋一丁目）　昭和40年代

町屋駅前　現在

東京メトロ千代田線　京成電鉄

←早稲田　三ノ輪橋→

←早稲田　三ノ輪橋→

町屋駅前アルバム

【賑わう駅前】王電・稲荷前停留場周辺も、旧京成電軌線の駅ができると一気に賑わいを見せてくる。停留場名も町屋一丁目から町屋駅前に改称して都会的なイメージになり、地下鉄も乗り入れてさらに買い物客なども増えていく。上写真当時の周辺はまだ低層商店が目立つが、現在ではすっかりビル化している。◎1966（昭和41）年10月17日　撮影：井口悦男

【京成線に向けて】京成電鉄の高架線方向に向けて、専用軌道を団子状態で運行する新7000形。ワンマン化を機に車体の帯も青色に変えて快適に走る。（町屋付近で）。
◎1986（昭和61）年頃
撮影：辻阪昭浩

架線に不具合が生じたのだろうか。高所作業車がやってきた。不安定な足場にのぼり、垂れ下がった電線を直しているように見える。背後の都電は復旧待ち。数人が安全地帯で作業をながめ、子供は線路に降りている。後方に京成電鉄線の高架線が横断する。(町屋一丁目＝現町屋駅前)◎1699 (昭和44) 年11月21日　撮影：丸森茂男

まちやにちょうめ
町屋二丁目

開業時には主要地名の「町屋」
町名変更で「町屋」を分け合う

【DATA】
所在地：早稲田方面（A線）＝荒川区荒川6丁目41番★三ノ輪橋方面（B線）＝荒川区町屋2丁目17番
開業日：1913（大正2）年4月1日　**停留場名等経緯**：町屋二丁目（1942年2月1日・改称）←（戦中は通過）←（1925年11月12日・位置変更）←町屋（1913年4月1日・開設）
区間：町屋駅前（359m）＜当停留場＞（311m）東尾久三丁目　**乗降客数（令和2年度）**：775人

停留場名経緯 〜「町屋」を隣の「稲荷前」と分け合う〜

　1913（大正2）年4月に「町屋停留場」【右地図】で開業する。「町屋」は古くは「北豊島郡三河島村大字町屋」という大字名で、ここから命名した。町屋の本来の意味は、「町人が住む店舗が併設された都市型住宅が連なる地域」のこと。

　1931（昭和6）年12月に「京成電気軌道」（現京成電鉄）が乗り入れたこともあり、市電化に併せて1942（昭和17）年2月、町屋という大字・停留場名を隣の「稲荷前」（町屋一丁目→現町屋駅前）と分け合う形で「町屋二丁目」に改称した。

　1963（昭和38）年6月の住居表示制度でも「町屋二丁目」は変わらなかったため、継続して今日に至る。

開業時は主要地名の「町屋」という停留場名だったが、町名変更で、隣の「稲荷前」（現町屋駅前）ともに停留場名・町屋を分け合う形となる。

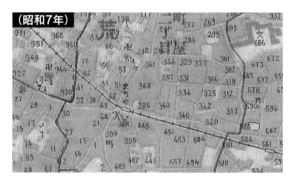

【古地図探訪】

　「まちや」（町屋）の表示が現在の「町屋二丁目停留場」である。開業時は町屋だったが、市電化・町名変更等で隣の「稲荷前停留場」とともに主要町名が付く「町屋」の停留場名を分け合う。そして地図にある「町屋二丁目停留場」へと改称する。

　東北側にみえる学校記号は、100年の歴史を持つ区立第四峡田小学校である。

沿線トピックス① 〜荒川線にモノレール建設構想も〜

　「都電荒川線をモノレールに置き換えたい」というプランが、1965(昭和40)年9月に起っている。発起は日本モノレール協会で、東京オリンピックが開かれた前年開業の浜松町〜羽田空港間線を見本としながら、「路面電車は、道路をふさいでいるばかりでなく機動性に欠け、騒音もうるさく経営的にも採算が取れない」として、三ノ輪橋〜王子〜早稲田間にモノレールを敷設すべきだと要望したのだ。開業は1970（昭和45）年を目標とした。

　「当初の敷設・経営は東京都が行い、いずれは民間に

経営を任せる」と、やや虫のいい願いにも思える。とはいえ当時の全国紙東京版のトップに5段抜きの見出しで掲載されている。反響はあったようだ。

これに対し都の交通局では「モノレールの良い面もあるが、立体交差の橋を造る際、道路の真ん中に用地を確保する必要がある。85億2000万円ほどというばくだいな工事費が掛かるので、運賃も高くなる」などの理由で、渋顔のコメントを出しお蔵入りになった。

他にも豊島区が1981（昭和56）年、大塚駅前〜東池袋間を地下鉄化する構想を打ち出したが未成に終わっている。（参考：「読売新聞」1965年9月8日号／「鉄道ピクトリアル」1965年8月号）

都電 王子・早稲田線に
モノレールを
二案で都に要望書
交通緩和や大量輸送

沿線トピックス② 〜王電の電線が変えた祭りの作法〜

1921（大正10）年の夏、素盞雄神社（荒川区南千住6-60-1）での祭礼で、南千住から三河島へ向けて神輿を練っているときのことだ。

既に夜になっていて、あたりは真っ暗。たいまつの明かりで神輿を先導するものの、なぜか途中で神輿が動かなくなる。これは変だなとよく見ると、神輿の上に付いている鳳凰の飾りが、お店につながる王電が配電する電線に引っかかっているではないか。前へ後ろへと無理やりに動かしているうちに、電線が切れてしまう。切れた電線は人々に危害を及ぼし、死傷者まで出したという。

村人は電線対策での知恵を絞る。そして張り巡らされた王電の配電線・集電線などに影響がないように、「今後は山車を曳くことにしよう」でまとまり、神輿を担ぐことを取り止めたとされる。再び神輿を担ぐようになった年次は不明のようだ。

有名な神田の天下祭で、山車人形が曳かれなくなった一つの要因として、電線があったともいわれる。路面電車の電線が地域における祭りの作法の一端を変えてしまったという逸話である。（参考：荒川ふるさと文化館「王電・都電の車窓から」）

【停留場いま&むかし】

開業時の「町屋停留場」時代の軌道敷はバラスト、ホームは石積みであった。上写真では踏切待ちをしている車が止まっているが、踏切の手前側にホームがある千鳥式ホームである。今では早稲田方面、三ノ輪橋方面ともに、踏切を渡った先にホームがそれぞれ新設されており、逆千鳥式ホームである【右写真】。

バリアフリー化の際にホームをかさ上げの工事をした。これは営業中に工事をするよりは、別の場所（踏切を渡った先）にホーム新設を行う方が、利用者の利便性・安全性が維持できるということからのようだ。

写真は三ノ輪橋方面のホームに止まる7500形。踏切待ちの自動車のタイヤ、ホイールキャップの輝きに当時の白家用車を持つというステータスを感じる。周囲からは商店や飲み屋がなくなり、下写真のように、今はマンションと化している。

◎1970（昭和45）年11月12日　撮影：荻原二郎

【配線図今昔】

町屋二丁目　昭和40年代

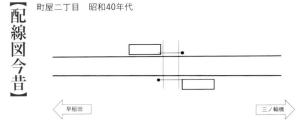

←早稲田　　　三ノ輪橋→

町屋二丁目　現在

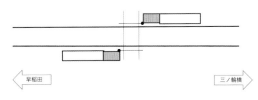

←早稲田　　　三ノ輪橋→

東尾久三丁目

都電は「おぐ」でJRは「おく」
JR尾久駅は北区に所在の「越境駅」

【DATA】

所在地：早稲田方面（A線）＝荒川区東尾久3丁目7番★三ノ輪橋方面（B線）＝荒川区町屋6丁目8番
開業日：1913（大正2）年4月1日　**停留場名等経緯**：東尾久三丁目（1965年9月15日・改称）←尾久町一丁目（1961年10月25日・改称）←下尾久（1925年10月20日・位置変更）←下尾久（1913年4月1日・開設）
区間：町屋二丁目（311m）＜当停留場＞（571m）熊野前　**乗降客数（令和2年度）**：1,565人

停留場経緯 ～住居表示で現在の停留場名に～

開業時の停留場名の「下尾久」の地名が残る「東京消防庁尾久消防署下尾久出張所」

開業時の地名は「東京府北豊島郡尾久村大字下尾久」で1913（大正2）年4月、地名から「下尾久停留場」と命名・開業する。その後の荒川区制に伴う町名変更で1961（昭和36）年10月、停留場名も町名に合わせて「尾久町一丁目」と改称した。尾久は荒川の入り江の「奥」の意もある。

現停留場名は1964（昭和39）年7月の住居表示で当地が「東尾久3丁目」に改称されたことに伴い、翌1965（昭和40）年9月には町名に合わせて「東尾久三丁目」と変更したもの。

尾久の名は尾久八幡神社（64頁参照）や消防署（東京消防庁尾久消防署下尾久出張所」と「尾久」が重なる）などが、その代表として見える。

沿線トピックス ～「尾久」は「おぐ」か「おく」か～

ところで荒川線の「東尾久三丁目」は、「ひがしおぐ」が正しい停留場名の読み方だ。しかし近くを走るJR東北本線（宇都宮線）の「尾久駅」（北区昭和町1-3-9）は「おく」と、濁らない駅名となっている【写真上左】。

付近の元々の地名は、武蔵国豊島郡小具郷で「むさしのくに としまごおり おぐごう」と呼ばれ、室町時代には「尾久」となっていたとされる。やはり荒川線の「おぐ」が正しいのか。

そんな疑問を持ちながら尾久駅を訪れる。すると駅前に鉄道本や写真などが備えられている、「北区尾久駅前観光PRコーナー」【写真上右】に出会う。猛暑だったので涼を求めて施設の中に入る。気さくな職員と話しているうちに、「おく・おぐの違い」が説明された施設内の解説板を紹介される。

それによると、鉄道省が1929（昭和4）年6月に駅を設置【写真下】する前に、当地には「貝塚操車場」（後の「尾久操車場」）があった。そこで地元住民も「貝塚駅」の駅名が付くことを期待した。だが鉄道省は隣接地に尾久温泉があり、観光誘致の点からも「尾久」と命名する。

設置の際に鉄道省は、「おぐ」と発音するのは地域の

越境駅の「JR尾久駅」

駅前に建つ北区の「観光PRコーナー」の施設

開業時の尾久駅で、制服が当時を物語る。
提供：荒川区広報課

なまりで「おく」が正しいと思い込み、「おく」にしたとのこと。だが資料的には明らかではなく、真相はヤミの中のようだ。

その尾久駅の利用客は上昇傾向にあるものの、東京都区内の駅としてはJR京葉線・越中島、京浜東北線・上中里駅に次いで少ないとされる。このため始発から

7時頃、20時30分頃以降は改札員が不在となる。出入口は上野駅寄りに1カ所しかない。

ちなみに尾久は荒川区の地名だが、尾久駅は北区（北区昭和町1-3-9）に所在する。板橋駅や品川・目黒駅と同様に、駅名と所在区地名が異なる「越境駅」である。

【停留場いま&むかし】

開業時、軌道敷はバラスト、ホームは石造りであった。上写真の三ノ輪橋行きホームは、踏切の手前にあったが、後に踏切先の三ノ輪橋側に移設している。

三ノ輪橋方面ホームが西寄り、早稲田方面ホームが東寄りに大きく隔てた逆千鳥式ホームである。ただし踏切2つ分先までの移設で、両方向のホームの距離は60mほど離れている。まるで複線区間の片側にだけホームがある形で、別の停留場の様相だ。

写真は三ノ輪橋方面のホームに差し掛かる6000形。後続の列車も近づいている。付近は住宅街であり、並行する道路もない。◎1970（昭和45）年11月12日　撮影：荻原二郎

写真は同じ場所（ホーム手前）を走る三ノ輪橋行きの8800形。ホームに並行する道路も整備されている。

赤羽行き旧ホームがあった地点。わずかに荒川線の軌道敷が広くなっている。

【古地図探訪】

開業時の停留場名「下尾久」が見える。停留場の前にわずかな家屋が散在するが、周辺はまだ田んぼが中心の農家密集地である。とはいえ便利さの人気があったのか、当時でもさすがに停留場前周辺だけは人家が集まっている。

西側に見える長方形は、作米等のために水を確保するために造られた人工池の「ため池」で、農家周辺の各地に存在した。

南東の寺は江戸時代に寛永寺造営で上野から移転した満光寺。

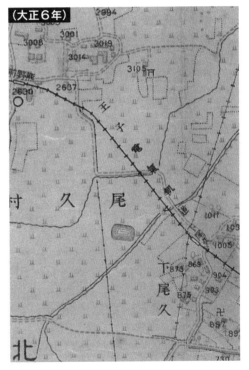

（大正6年）

配線図今昔

東尾久三丁目　昭和40年代

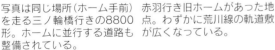

東尾久三丁目　現在

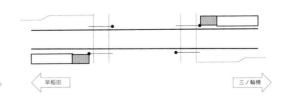

くまのまえ

熊野前（副停留場名：東京都立大学荒川キャンパス前）

今は無き神社名が停留場名の由来
ライナーにも命名された旧神社名

【DATA】
所在地：早稲田方面（A線）＝荒川区東尾久5丁目12番★三ノ輪橋方面（B線）＝荒川区東尾久6丁目52番
開業日：1913（大正2）年4月1日　**停留場名等経緯**：熊野前（1942年2月1日・改称）←王電熊野前（1938年4月27日・改称）←熊野前（時期不明）←熊ノ前（1913年4月1日・開設）
区間：東尾久三丁目（571m）＜当停留場＞（421m）宮ノ前　**乗降客数（令和2年度）**：3,923人

停留場経緯　～「熊野前」の標識は見えず～

　1913（大正2）年4月の開業時における停留場名の「熊ノ前」は、明治時代まで停留場北側にあった「熊野神社」（荒川区東尾久8-14）に由来する。神社は王電の開通前には廃社になっていた。時期は不明だが後に「ノ」が「野」に変わり「熊野前」と改称されている。

　市電となる前の1938（昭和13）年4月、大きな停留場には自社名の冠を付けて「王電熊野前」に改称した。東京市電への移行に伴い1942（昭和17）年2月、「熊野前」に戻している。

　熊野神社跡は停留場を降りてから数分の、尾久橋通り沿いにある。かつての神社境内は約140坪（462㎡）で、広大だったとされるが現在では痕跡がない【写真左】。地元の話では「昔は当地に区教育委員会の熊野神社の解説板が立っていたが、今は撤去されたみたい」という【写真右】。

　「北豊島郡史」ではわずかに「本村の総鎮守にして祭神は応神天皇なり、創立縁起詳ならず」と記述されているが詳しくは不明だ。合祀した尾久八幡神社でも「残念ながら当時の熊野神社の画や記録などは残っていな

いのです」と恐縮する。

　今は存在しない熊野神社が、近代的交通機関である新交通システムの日暮里・舎人ライナーの駅名としても採用された。その駅名である「熊野前」の由来などの解説が、どこにもないのには少し寂しい思いがした。

跡地に立っていた教育委員会の解説板

かつて熊野神社があったとされる地点だが面影は残っていない

【古地図探訪】

　開業時以来続く停留場名の「熊野前」である。当地図からは停留場名由来の「熊野神社」（鳥居記号）は、廃社となっているため見えないが、江戸時代の復元地図（Webサイト「大江戸今昔めぐり」など）には「熊野権現社」で表記されている。停留場の真南の「○」は役場の記号で、尾久村役場があったことを示す。当時はこの付近が、村の中心部だったのだろう。線路南側にはまだ田んぼが目立つ。やや南側の「猪苗代水電変電所」（現東京電力パワーグリッド㈱で高さ30mほどの送電塔が建つ）は、福島・猪苗代水力発電所からの電力を受電す

る施設。当施設を通じて王子電軌が、周辺の現北区・荒川区・板橋区・川口市などに電力供給をしていた。

　旧荒川（現隅田川＝北側）もほど近い。

（昭和7年）

近接駅 〜重量感漂う日暮里・舎人ライナーの熊野前駅〜

停留場の目前には、都営「日暮里・舎人ライナー」の途中駅の「熊野前」（荒川区東尾久3-37-6）がある。日暮里（荒川区）〜見沼代親水公園（足立区）間9.7kmを走る路線として、2008（平成20）年3月に開業した駅。走行は新交通システムで、音も静かで快適そのもの。

駅舎は尾久橋通りにどっかりと構え、重量感に漂う建物だ。近代的な駅舎に、今はない「熊野神社」の駅名

を付けているのには少し不自然な感じもする。地元の神社に対する敬愛心に敬意を表しての命名だろうか。

重量感にあふれる日暮里・舎人ライナーの熊野前駅

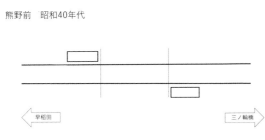

熊野前を発車した日暮里・舎人ライナーが荒川線の上をまたいで走る

【停留場いま&むかし】

以前は尾久橋通り交差点の手前にホームがある構造であったが、それぞれの場所を交換して、交差点を越えたところへのホーム設置となった。逆千鳥式ホームである。上の写真では草むらの脇を赤羽行電車が通過中であるが、この地点は現在の早稲田方面ホームとなっている。

架線の構造を見るとシンプルカテナリー式（ちょう架線とトロリー線が対になっている構造）だった昔の写真と比べ、今は直接ちょう架線（トロリー線を直接吊り下げる構造＝169頁参照）になっているのが、シンプルカテナリー式が多い他の区間と逆で興味深い。

開業時の構内は軌道がバラスト、ホームが石積みであったが、現在は早稲田方面ホーム部分の軌道はアスファルト舗装となっている。現在も軌道上にアスファルト舗装が残っているが、センターリザベーション（軌道敷を道路の中央に車道と分離して敷設すること）となっており車の侵入はできない。

上写真は三ノ輪橋行きと赤羽行きが離合する写真。三ノ輪橋行きは尾久橋通りを渡るタイミングを図っているかのようだ。

2008（平成20）年の日暮里・舎人ライナー開業で、高

架線を敷設したため風景が一変し【下写真】、以前に比べて駅前も賑やかになった。同線・熊野前駅は熊野前陸橋の三ノ輪橋側にあり、早稲田方面との乗り換えは尾久橋通りを渡る必要がある。

◎1970（昭和45）年11月12日　撮影：荻原二郎

【配線図今昔】

熊野前　昭和40年代

←早稲田　三ノ輪橋→

熊野前　現在　　　日暮里・舎人ライナー

←早稲田　三ノ輪橋→

熊野前停留場に停車中の三ノ輪橋行き。トラックが写真左に向かって走行している。その先の写真左側付近で併用軌道となり、都電の軌道は道路中央部となる。手前を横断する尾久橋通り（都道58号）上には現在、日暮里・舎人ライナーが走るようになった。
（熊野前）◎1969（昭和44）年11月21日　撮影：丸森茂男

みやのまえ

宮ノ前

花柳街の賑わいなどに対応し開設
「宮」は「尾久八幡神社」が由来

【DATA】

所在地：早稲田方面（A線）＝荒川区西尾久2丁目4番★三ノ輪橋方面（B線）＝荒川区東尾久8丁目44番
開業日：1926（大正15）年8月30日　**停留場名等経緯**：宮ノ前（1926年8月30日・開設）
区間：熊野前(421m)＜当停留場＞(318m)小台　**乗降客数（令和2年度）**：3,101人

停留場経緯 ～尾久や船方村の鎮守・尾久八幡神社～

　当停留場は隣の八幡前停留場より13年ほど後の、1926（大正15）年8月に開設されている。

　「当地は東北本線・田端駅に至る枢路の十字路にあり、急激な発展の伴い人家稠密し、加えて花柳街指定なるを以て交通頻繁、車馬輻輳し電車運転上に於いて危険少なからず。付近住民の熱望もあり、熊野前～小台間も市街地としては遠隔であるため停留場を新設したい」（新設理由出願書要旨）として、花柳街指定に伴う賑わいや住民要望等で停留場新設に至っている。

　停留場名の「宮ノ前」の「宮」は、停留場北側の目前にある「尾久八幡神社」（尾久八幡宮とも。荒川区西尾久3-7-3）が由来である。同神社は旧上尾久・下尾久・船方村の鎮守であり、明治時代に隣停留場名「八幡前」の由来である八幡神社を合祀している。

　神社の創建は、鎌倉時代の末期の正和元(1312)年と伝えられる。古くから農工商の神様として、尾久の人々に信仰されている。祭神は応神天皇で、社殿は1385（至徳2）に再建したとされ見事な建造物である。隣の熊野前停留場にちなむ熊野神社を、1878（明治11）年に合祀している。

　尾久八幡神社では、大きな鳥居と狛犬が迎えてくれた。だが神社全体がカメラに入らないので引き返して、道路を挟んだ都電ホームから収めた。

「宮」の由来は「尾久八幡神社」。目の前にある宮ノ前停留場から写す。

沿線話題 ～都電神社めぐりの「御朱印帳」～

　荒川線には多くの神社が鎮座しているが、沿線の4社（尾久八幡神社＝荒川区西尾久3-7-3、七社神社＝北区西ヶ原2-11-1、天祖神社＝豊島区南大塚3-49-1、大島神社＝豊島区雑司が谷3-20-14）では「都電神社めぐり」用の「御朱印帳」を、2021（令和3）年元旦から頒布(1500円)している。

　表紙には都電9000形が描かれ、荒川線や御朱印ファンには人気という。荒川線に乗って、日ごろからの願い事を祈念し、御朱印帳に捺印していただくと「ご利益があるかもしれない」として、自分も1冊を買い求めた。

【花電車】ワンマン化を祝って荒川線には華やかな花電車が
走った。(当時の尾久町付近で)
◎1978(昭和53)年4月　提供：荒川区広報課

　隣停留場の「八幡前」より13年後の1926(大正15)年8
月にできた停留場で「宮ノ前」の表示がある。地図にあ
る「八幡宮」は現在の「尾久八幡神社」である。
　南側の「女医専第二病院」は現在の「東京女子医科大
学東医療センター」。北側の「花蔵院」は「一時、そう表
現したこともあったが『花』ではなく『華蔵院(けぞういん)』が正し
い」と同寺ではという。

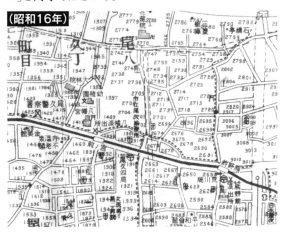

（昭和16年）

【停留場いま&むかし】

　開業時の軌道はバラスト、ホームは石積みの専用軌
道であったが、その後に軌道部を舗装し併用軌道と
なった。ほとんどの区間が専用軌道である荒川線だが、
熊野前から宮ノ前を経て小台までは、片側一車線の道
路との併用軌道であった【上写真】。線路と車道が合わ
せてほぼ片側一本だけという構造であり、荒川線の中
でも一番風情があったと思う。

　現在は両側に区画された車道が新設され、電車は快
適に走行する。特に熊野前から小台の区間はセンター
ポール化(線路の間に架線柱)され、柱の両側には逆U
字型の頑丈なガードレールが立っている。この区間の
軌道は現在もバラストが見えず、昔の併用軌道時代の
舗装がそのままのようだ。

　ホームの位置はここも交差点を渡った先に移設され
ており、逆千鳥式ホームとなっている【下写真】。

　上写真は併用軌道を行く赤羽行き三ノ輪橋行き6223
号。軌道と写真右側の建物壁との距離間はほとんどな
く、車は軌道上を走るしかないようだ。

　現在でもこの区間は軌道面が舗装されており、旧来
の併用軌道の面影が残る。

◎1970(昭和45)年11月12日　撮影：荻原二郎

【配線図今昔】

宮ノ前　昭和40年代

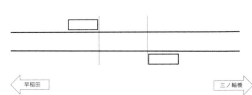

宮ノ前　現在

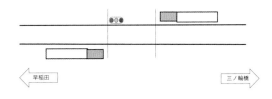

おだい
小台

隅田川の「小台ノ渡」が当初名
渡し船廃止で現在の停留場名に

【DATA】
所在地：早稲田方面（A線）＝荒川区西尾久5丁目8番★三ノ輪橋方面（B線）＝荒川区西尾久3丁目20番
開業日：1913（大正2）年4月1日
停留場名等経緯：小台（1959年4月15日・移設）←小台（1942年2月1日・改称）←小台ノ渡（1913年4月1日・開設）
区間：宮ノ前(318m) ＜当停留場＞ (335m)荒川遊園地前　**乗降客数（令和2年度）：**3,186人

停留場経緯 ～渡し船から開業時の停留場名～

　1913（大正2）年4月の開業時は「小台ノ渡」という停留場名だった。旧荒川の南岸（現荒川区西尾久）～北岸（現足立区小台）間を結ぶ、「小台の渡し」と呼ばれる渡し船から命名された【写真上】。多くの乗客は当停留場で下車し、ぞろぞろと船着場がある北側に向かったのだろう。

　対岸の小台町（現足立区小台2丁目）までは400mほどの渡し船で、東京府運営のため無賃で乗ることができたという。運営は両地域の農民が半月交代で担当し、西新井大師への参詣などに使われた。

　当時のガイド本では「王子電車沿線の尾久警察署前、そこが小台という停留場、その一帯の繁華な商店街から僅か数十歩を出ない中に小台の渡しの悠々閑々の情景に接する」（「大東京写真案内」）の解説がある。荒川（現隅田川）河畔には多くの料亭や茶屋が並び、男女を

問わずに多くの遊覧客で賑わっていたようだ。

　小台は読んで字のように「小さい台地」という意味で、荒川沿岸にはこうした台地が幾つかあった。川向う（旧荒川で現墨田川）は旧東京府南足立郡江北村で、小字に小台の地名が見える。足立区には今でも「小台」の町名が残る。停留場名は地名（旧北豊島郡尾久村上尾久）からではなく、渡し船から命名したことが実証される。

　1933（昭和8）年に両岸を渡る「小台橋」が完成される【写真下】のを機に、渡し船は衰退の一途をたどる。橋の建設から10年後の1942（昭和17）年2月、市電移行を機に停留場は「小台ノ渡」から現在の「小台」に改称された。付近には区教育委員会の、小台の渡しの解説板が立つ。

昭和初期の渡し船で、立ちながらの乗船だ。右奥に小台橋が見える。
◎1933（昭和8年）頃
出典：「大東京写真案内」（博文館）

架橋当時の小台橋で欄干などが現在より低い。
◎1956（昭和31）年の小台橋　提供：荒川区広報課

現在の小台橋で、頑強な橋に架け替えられた

近接駅
〜日暮里・舎人ライナー・足立小台駅〜
駅名は似るが場所は遠方

　「小台」の名が付く近隣駅としては、2008（平成20）年3月に「日暮里・舎人ライナー」が開業すると同時に設置した「足立小台駅」がある。場所は川向うの足立区（小台1-20-1）にあるが、同駅〜小台停留場間は1600mもあり乗換駅とはいいにくい。

　下車して2階改札口を出ると、目の前の大型電気店・ケーズデンキ足立店の店舗につながる。駅周辺にはマンションなどの住宅はあまり見られない。そのためか1日平均の乗降客数は4000人ほどで、日暮里・舎人ライナーの駅では最も少ないとされる。駅から旧荒川を眺める景色は結構楽しめる。

改札を出ると
大型電気店が
目に飛び込ん
でくる

【古地図探訪】

　「小台ノ渡」の表示が現在の「小台停留場」である。当地図では、旧荒川に向けての直線道路（都道458号＝白山小台線）はまだできていない。北側の旧荒川に表記されている連絡舟の「小台ノ渡」は、当地に小台橋が架かると衰退してゆく。

　20・21頁の沿線案内にはコイ料理の店も見えるが、川向うには歓楽街があり料亭なども並んでいたという。

　西側に「利根川水電発電所」の跡地は一時「区立小台橋小学校」となったが廃校になり、現在では一部を保育園として使っている。

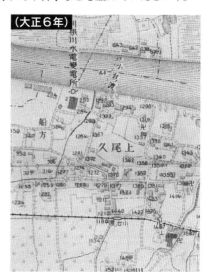

（大正6年）

【停留場いま&むかし】

　開業時の構内は、軌道面がバラスト、ホームは石積の相対式であった。当時の写真を見ると、向こうから来る車が右から左に線路を横切っている。つまり熊野前からここ小台までは併用軌道であった。この区間は車との同時走行でゆっくりと走っていたが、ここからは専用軌道に戻り、のびのびとした走りに戻ったことを思い出す。

　現在では三ノ輪橋方面ホームが写真の奥に移動し、交差点の先にホームがある形となっている。早稲田方面のホームの位置は変わっていない。上写真では7700形の早稲田行がホームに進入しようとしているが、現在ではホームはコンクリートでかさ上げされている。

1970（昭和45）年11月12日　撮影：荻原二郎

【配線図今昔】

小台　昭和40年代

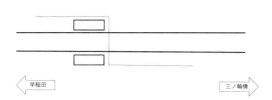

小台　現在

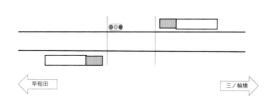

あらかわゆうえんちまえ

荒川遊園地前

一時は王子電軌が経営した遊園地
戦後に区立となり現在の停留場名に

【DATA】

所在地：早稲田方面（A線）＝荒川区西尾久7丁目5番★三ノ輪橋方面（B線）＝荒川区西尾久6丁目30番
開業日：1922（大正11）年3月20日
停留場名等経緯：荒川遊園地前（1983年6月・改称）←西尾久七丁目（1965年9月15日・改称）←（戦中は通過）←尾久六丁目（1939年9月1日・改称）←遊園前（1927年頃・改称）←遊園地前（1922年3月20日・開設）
区間：小台(335m)＜当停留場＞(518m)荒川車庫前　**乗降客数（令和2年度）**：2,207人

停留場経緯 〜戦時で遊園地名が消えた時期も〜

　開業時の停留場名「遊園地前」は、北側にある遊園地の近接地に設置したことが由来。当然ながら遊園地客の利用を目的として、開園2カ月前の1922（大正11）年3月に開設した停留場である。

　失火で操業を停止した王子煉瓦（株）の工場跡地（旧武将・藤堂和泉守の屋敷跡）に1922（大正11）年5月、王子煉瓦が経営する遊園地「あらかわ遊園」（現荒川区西尾久6-35-11）が開園された。現在でも同社製の煉瓦で立てられた塀が現地に残る。園内はプール・演芸場・浴場などが備わっていたという。当初から経営に参加した王電だが、1932（昭和7）年に買収し本格経営するようになる。

　停留場名は「遊園地前」の「地」を取って、「遊園前」と改称した時期もあったようだ。後に戦時の非常事態によって遊興施設が自粛となり、遊園地は閉園状態になった。そこで1939（昭和14）年9月には町名の「尾久六丁目」と改称するが、遊園地は高射砲陣地（敵機を大砲で狙う基地）となり軍用地と化す。

　戦中には都の財産となるが戦後の1949（昭和24）年、荒川区に移管され一旦は児童遊園となる。翌1950（昭和25）年8月に区立遊園地の「荒川遊園地」【写真上】としてよみがえるが、東京都経営の電車だったため停留場名は変更されていない。

　1965（昭和40）年9月には住居表示制度に伴う町名変更により、停留場も「西尾久七丁目」に改称する。区な

どの尽力により現在の「荒川遊園地前」【写真下】に改称されたのは、18年後の1983（昭和58）年6月になってからである。

区立として開園した当時のあらかわ遊園。
◎1950（昭和25）年　提供：荒川区広報課

取材時には惜しくも遊園地は工事中であった。
◎2021（令和3）年7月撮影

遊園地関連施設 〜親子で楽しめる「下町都電ミニ資料館」〜

　遊園地は2018（平成30）年12月からリニューアル工事で休園中だったため、訪れた時には併設の「下町都電ミニ資料館」や静態保存の都電車両「6000形6152号」などを取材することはできなかった【次頁写真左段左】。

23区唯一の公営遊園地で、2022（令和4）年春頃のリニューアルオープンが待たれる。

　同資料館は、遊園内に2011（平成23）年5月にオープンした。洋館のふれあいハウスの1階にあり、都電の模

型を中心に部品や切符などが展示されている。Nゲージの模型運転場もあり、親子で都電を体験することができた。奥には図書室もあり、鉄道雑誌が多数保存されていたという。

静態保存の「6000形6152号」【写真右】は、終戦直後の1947（昭和22）年から6年間ほど製造された。都電のワンマン化で引退した。前方を照らすヘッドライトがひとつであることから「一球さん」と呼ばれた。2003（平成15）年4月から当地で展示されている。

取材時には遊園地リニューアル中で、6000形の保存電車は鉄柵の中で見えにくかった。◎2021（令和3）年7月

都電ミニ資料館に保存されている6000形

【古地図探訪】

名前の表記はないが当時の「遊園前」の停留場記号（1245番地下の□記号）が見える。北側の旧荒川沿いの広い煉瓦工場跡地には、開園中の「荒川遊園」が書かれている。停留場名が開業時の「遊園地前」から、一時「遊園地」ではない「遊園前」にしたのはこうした理由がある。遊園地の経営は王子電軌から戦時を経て区営となる。

停留場のすぐ南の学校は現在の「尾久西小学校」で、東側の空き地には後に病院が建つ。

この付近まで来ると都市化がかなり進んで、家屋が密集してきていることが分かる。

（昭和7年）

【停留場いま＆むかし】

交差点の手前にホームがある千鳥式ホームであった。現在は上下線ともお互いに反対側に移設され、逆千鳥式ホームとなっている。

開業時は、軌道上はバラスト、ホームは石積であった。レンガ工場跡地に建てた遊園地というだけはあって、現在の三ノ輪橋行きホーム側面はレンガ調に装飾されている【写真右】。公園利用者のための心使いがうれしい。

上写真は、西尾久七丁目停留場時代の、専用軌道を行く三ノ輪橋行き8106号。8000形は軽量化低コスト化を重視した設計で、車体が直線的であるのが特徴だ。

現在の写真下左は、旧ホーム付近を行く三ノ輪橋行き電車。交差点を渡ったところに現在の三ノ輪橋行きホームがある。写真の右手方向に数分歩くと、荒川遊園地が現れる。

◎1970（昭和45）年11月12日　撮影：荻原二郎

荒川遊園地前　現在

【配線図今昔】

荒川遊園地前　昭和40年代

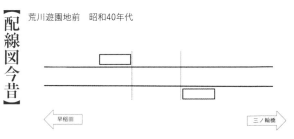

◀早稲田　　三ノ輪橋▶

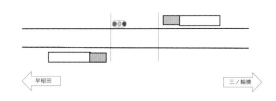

◀早稲田　　三ノ輪橋▶

あらかわしゃこまえ

荒川車庫前

以前は早稲田方面への起点停留場
「船方前」が開業時の停留場名

【DATA】
所在地：早稲田方面（A線）＝荒川区西尾久7丁目42番★三ノ輪橋方面（B線）＝荒川区西尾久8丁目33番
開業日：1913（大正2）年4月1日
停留場名等経緯：荒川車庫前（1942年2月1日・改称）←船方前（1913年4月1日・開設）
区間：荒川遊園地前(518m)＜当停留場＞(408m)梶原　**乗降客数【令和2年度】**：3,350人

停留場経緯 〜「船方前」から「荒川車庫」へ改称〜

　王電が三ノ輪（現三ノ輪橋）〜飛鳥山下（現栄町）間を開通させた1913（大正2）年4月、建設した車庫前の停留場を「船方前」（「船方車庫前」「船方」表示の地図等も）として設置した【写真上】。当時の地名は「北豊島郡王子町大字船方字船方前」だったので、字名から命名された。

　船方の名は江戸の頃からの幕府領下の地名。船方村は1889（明治22）年5月の町村制施行で、北豊島郡尾久村に統合され小字名で残る。船方の「船」は隣接する旧荒川の「渡船」にちなむ。

　開業時に停留場名だった「船方」の施設等を探す。すると停留場から徒歩10分ほどに、725（神亀2）年創建されたとされる船方神社（旧十二天社。北区堀船4-13-28＝写真下）を見つける。近くには煉瓦工場があったので、境内には煉瓦造りの神輿庫がある。現在の近隣地名は船堀というが、旧王子村の船方と堀之内の字名の統合地名である。

　1942（昭和17）年2月の市電化で「王電船方車庫」は「市電荒川車庫」となり、併せて停留場も「荒川車庫前」と改称する。荒川線になる前の都電32系統は、早稲田方面行きの起点停留場であった（9頁地図参照）。

開業時の広大な船方車庫。出典：「王子電気軌道二十五年史」

長い歴史を持つ地名を持つ船方神社

沿線トピックス 〜路線名はなぜ「荒川線」になったのか…〜

　三ノ輪橋〜王子駅前〜赤羽間の27系統と、荒川車庫前〜早稲田間の32系統と別々に運行していた現荒川線だが、都電廃止に伴い1972（昭和47）年11月からは両系統を統合、新路線名である「荒川線」（三ノ輪橋〜早稲田間）として再スタートを切る。

　荒川線と命名されたものの、この路線は荒川区だけではなく北区・豊島区・新宿区の4区にまたがっている。なぜ荒川区のイメージばかりが強い「荒川線」にしたのが疑問に残る。まして工子電軌が王子を中心に開業したの

だから、「王子線」でも良かったはずだ。他にも都電時代の路線名である「三河島線」「荒川線」「滝野川線」「早稲田線」のいずれからとっても妥当のようにも思える。

　だが荒川線にした理由は簡単だった。「当時路線を担当する部署である『荒川車庫』（東京都交通局荒川電車営業所）をベースに、『荒川線』としたといわれる」（小川裕夫「都電跡を歩く」など）ようだ。東京都が経営する路線なので、所管の事業所名を優先したという訳である。

停留場名由来地訪問 〜今では唯一の都電車庫〜

　路線が王電から東京市電に移行した1942（昭和17）年2月、「王電船方営業所」（現荒川区西尾久8-33-7）は「東京市電気局荒川電車営業所」に改組されるが併せて、停留場も改称となる。翌1943（昭和18）年7月の都制施行で、現在の「東京都交通局荒川電車営業所」に改称した。

　同営業所は、事務所棟を含めた総合的な施設をいうが、車庫は一般的に営業所のガレージ（車庫）部分を指す（運輸局定義）。都電が荒川線だけになった現在では、当然ながら「都電唯一の車庫」である。

現在の荒川車庫。都道306号上に車庫へ入る引込線が敷設されていた。

都電関連施設 〜「都電おもいで広場」〜

　「都電博物館」を求める声は以前からあった。交通局はこれらの声にこたえて新型車両9000形がデビューする2008（平成20）年4月、荒川営業所の敷地内に旧都電車両を展示する施設をオープンした。懐かしい停留場をイメージした施設に、貴重な都電車両2両を公開しているところから「都電おもいで広場」と名付けた。

　展示車両は、1系統の品川〜上野間を運行していた5500形と、晩年は主としてラッシュ時に使われた旧7500形が展示されている。他にも荒川線沿線をイメージしたジオラマや模擬運転台もあり、親子で楽しめるように工夫されている。ただ取材当日には残念ながら新型コロナの影響による休場中で、塀越しに遠望する

だけだった。おもいで広場内に静態保存されている車両を覗き込むようにして撮影する。

【古地図探訪】

　「ふながたまへ」（船方前）は現在の「荒川車庫前停留場」のことで、わずかに引込線が見える。地名の「堀船」は旧王子町字の大字堀之内・船方の統合地名。

　停留場東側の空き地には、現在では「区立尾久第六小学校」などが建つ。北側の「東洋紡績工場」（現東洋紡）は渋沢栄一発案での設立会社だが、女子寄宿舎や社宅を要していた大工場だったようだ。

　1953（昭和28）年に売却した跡地には長く「キリンビール東京工場」があったが、現在では「読売プリントメディア東京北工場」（下写真）となり、読売新聞などを印刷している。

（昭和27年）

　いわずと知れた荒川線の拠点。かつては早稲田までの32系統の起点停留場であった。入出庫線からなるデルタの底辺に三ノ輪橋方面のホームがあったが、現在は三ノ輪橋側に移設されている。

　現在も入出庫系統が多数あり、朝夕のラッシュに向けて出庫する車両を眺めるのも楽しい。入庫が早稲田方面から、出庫が三ノ輪橋方面へという形で行われており、入出庫線のそれぞれ外側に片渡り線が設けられている。早稲田方面への出庫では一旦、三ノ輪橋に向け本線に出る。その後、渡り線を通り早稲田に向かう。

　三ノ輪橋方面のホームは入庫線分岐の手前に降車ホームがあり、乗車は出庫線の先にある。早稲田方面は昭和時代とほぼ同じ位置にある。

　右上写真は、早稲田行の7000形。32系統は荒川車庫前と早稲田を結ぶ系統であった。写真左の石畳部に片渡りポイントがあり、ここで早稲田に向けて折り返した。写真の左下にわずかに見えるポイントが、荒川車庫からの出庫線である。

　現写真は早稲田方面ホームに停車中の7700形。早稲田方面は1面だが、三ノ輪橋方面は降車ホームと乗車ホームの2カ所あり、降車扱いの後、前に進み乗車客を迎える。降車ホームで乗務員交代が行われる。左側は三ノ輪橋方面の乗車ホーム。

◎1970（昭和45）年11月12日　撮影：荻原二郎

【配線図今昔】

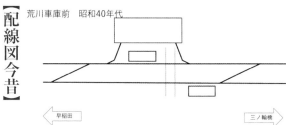

荒川車庫前　昭和40年代

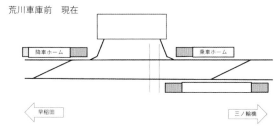

荒川車庫前　現在

荒川車庫前アルバム

【荒川線の基地】荒川車庫を上方から見る（撮影時期不明）。左写真は旧ホーム付近を行く現三ノ輪橋行き電車。引き込み線奥の中央のビルが現庁舎。右側の建物が旧庁舎で現在は「都電おもいで広場」となっている。提供：荒川区広報課

【車両の格納車庫】荒川車庫前内で、名前の通り都電車両を格納する車庫がある。道路を渡って車庫に入ったり、車庫から出てくる車両を見たことがある人もいるのでは。
◎1963（昭和38）年4月14日　撮影：井口悦男

【木製塀も懐かしく】広大な車庫には17・32系統をはじめ多くの車両が集まっていた。境界塀も質素な木製であった。
◎1970（昭和45）年5月1日　撮影：菊谷靖

【草むらを走る】荒川車庫前付近の専用軌道を走る27系統・赤羽行きの3221号電車。両側は草むらで、今では見られないひと昔前の光景だ。現写真は、以前の三ノ輪橋方面のホーム付近を行く9000形。手前の片渡りポイントは三ノ輪橋方面から到着し折返す、あるいは入庫するために用いられる。
撮影：小川峯生

【配電事業の名残？】三ノ輪橋方面降車ホームを早稲田方から望む。手前の片渡りポイントは三ノ輪橋方面から到着し折り返す、あるいは入庫するために用いられる。かつて王電が行っていた配電事業時代の名残りか、高圧線が線路上に設置されていた。現在もその電柱下部はそのまま、架線柱として利用されている。
◎1964（昭和39）年6月日　撮影：小川峯生

【車両の横移動】車庫の奥に位置しているトラバーサー（遷車台）を望む。（153頁の用語参照）。奥にある車両も効率よく引き出すことができる。

荒川車庫前を発車した赤羽行き8000形。車庫への分岐線が写真左手に見える。分岐器が直進方向に開通していることを示す黄色の矢印が、上を向いて表示されている。現在は運転士の高さに同じように設置されており、見やすく改善されている。三ノ輪橋方面のホームは分岐の先にあり、早稲田から終着・荒川車庫前に到着した32系統は、ホームの先（写真奥）の片渡線で折り返してくる。◎荒川車庫前　1970（昭和45）年5月3日　撮影：J.WALL HIGGINS（提供：名古屋レール・アーカイブス）

荒川車庫に並ぶワンマン車の7500形（左側）と車掌乗務車の6000形。荒川線のワンマン化とそれに伴うかさ上げ化は1977（昭和52）年10月から半年間をかけて行われ、その間はワンマン車と車掌乗務者車が併存して走った。左側の7500系はステップの撤去や床のフラット化で、ワンマン対応車に改造されている。ワンマン化車両の表示は必須であったため、赤帯を青帯に変更

して分かりやすく工夫した。右側の車掌乗務車6000形は従来の赤帯のままで走ったが、1978（昭和53）年4月の完全ワンマン化で引退している。（荒川車庫前）◎1977（昭和52）年11月23日　撮影：諸河久

梶原

「梶原氏」が地名・停留場名の由来
車両センターに「豪華・四季島」も

【DATA】
所在地：早稲田方面（A線）＝北区堀船3丁目31番★三ノ輪橋方面（B線）＝北区堀船1丁目34番
開業日：1913（大正2）年4月1日
停留場名等経緯：梶原（1933年8月17日・位置変更）←梶原（1913年4月1日・開設）
区間：荒川車庫前(408m)＜当停留場＞(504m)栄町　**乗降客数（令和2年度）**：2,628人

停留場経緯 〜当地支配の「梶原政景」が由来〜

　「梶原停留場」は1913（大正2）年4月の開業時から1世紀近く、一貫して変わらない停留場名である。停留場・梶原は「旧北豊島郡王子町大字堀ノ内字梶原」の字名から命名した。

　地名・梶原の由来は、当地を支配した「梶原政景」（1548〜1623）である。梶原政景は戦国〜江戸時代の武将で、一時は茨城・柿岡城の城主だった。ここには梶原氏の屋敷があり、政景の死後に祀ったのが「梶原塚」【写真上】といわれる。1600年頃に造られた梶原塚の碑【写真下左】は昔、現在の東京都下水道局王子ポンプ付近（北区堀船3-6）にあったが1904（明治37）年、福性寺（北区堀船3-10-16）に移設され現存する。

　梶原の行政上の地名は現存していないが、近くの商店街は「梶原銀座」【写真下右】と呼び、地名・梶原は停留場名とともにしっかりと生き続けている。

「江戸名所図会」に描かれている梶原塚

「江戸名所図会」に描かれている梶原塚

梶原商店街はアーケードや路面に都電をあしらったレリーフがあり、都電と共存した商店街をめざす。

都電を愛する名物店 〜「都電もなか」の明美製菓〜

　梶原停留場を下車して商店街の入り口直ぐの左側に、都電みやげで歴史もあり圧倒的な人気を誇る「都電もなか」【写真左】を製造する「明美製菓」（北区堀船3-30-12＝写真右）が店を構える。

　店内の一角にある都電もなかのコーナーには、車両形のパッケージに入ったもなかが飾られている。聞くと「都電の全面廃止が決定されたときに沿線から、何か形で残せないかの声が盛り上がった。以前から地元に土産品がなかったことから、地域に根付いている都電を形で表現しやすく、ある程度日持ちがし、形を表現しやすいもなかで商品化したのです。遊びごころ豊かなミニチュアパッケージに都電形のもなかを収めて、1977（昭和52）年に販売を始めました」という。全国菓子展覧会では厚生大臣賞を受賞しているほどの銘菓だ。

　都電名物の代表格となった都電もなか、都電内でのガイド（PR）もあってか、この日も店内は混み合っていた。

路線図が書かれたパッケージに入る都電もなか

梶原商店街入り口に店舗を構える明美製菓

【古地図探訪】

停留場「かぢはら」（梶原）が右側に見える。大正期までは主に農村地帯だったが、昭和に入ったこの頃から住宅などの建物も増えてくる。南側には東北線が横断している。都市化に合わせ停留場前を斜めに横切る、広い幅員の現明治通りが建設されて、村は町へと一変する。同道路にはかつてはトロリーバス（池袋駅前〜亀戸駅前間の103系統、池袋駅前〜浅草雷門間の104系統）も走っていた。

地図東北部に見える「梶原」は、旧王子町大字堀ノ内の小字名である（左側の「神戸」は滝野川村）。右下端の「昭和町」は旧滝野川村（現北区）の一部が、大正から昭和へ改元したことを機に改称した町名で現存する。

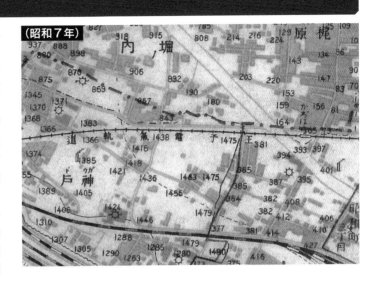

（昭和7年）

【停留場いま&むかし】

開業時の軌道はコンクリート打ち、ホームは石積みであった【上写真】。現在はバラストとなっている。ホームの位置は変わっていない。架線柱と高圧電柱を兼ねた立派な柱は、現在も構造物としてしっかりとその頑丈さを主張している。ホームの断面（線路側から見た側面）を観察すると、旧ホームの上にかさ上げした構造が見て取れる。

ここから5分程度を歩くと、東日本旅客鉄道の尾久車両センター北西端踏切に至る。四季島・カシオペア・185系などの豪華車両が留置されており、遠方からの雄姿を楽しむことができた【写真中】。

下左写真は客扱い中の三ノ輪橋行き電車。この交差点は道路信号に従う。信号が変わり次第発車する。

現在のホームの位置は以前と位置は変わらない。だがホームのかさ上げに伴い、写真奥側の踏切方面との行き来はスロープ経由となった。このため少々不便となることが予想された。これを見越して、奥側には写真右道路とを結ぶ階段が設置されている。

◎1970（昭和45）年9月30日　撮影：荻原二郎

近くにはJR東日本旅客鉄道の車両群を望むことができる踏切がある。歩道橋も併設されており、高い角度からも観察できるのも嬉しい。

【配線図今昔】

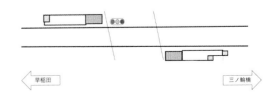

梶原　昭和40年代

梶原　現在

早稲田　　　三ノ輪橋　　　早稲田　　　三ノ輪橋

梶原を行く32系統早稲田行き。すぐ後に27系統赤羽行きが続いている。写真の160形は旧王電・市電からの引継車で、当時の深緑色塗装をクリーム色に塗り替えて走る。仁丹体温計、三和銀行の看板も懐かしい。上空の架線を見ると、トロリーバス（103・104系統）架線と交差していることが分かる。（梶原）
◎1964（昭和39）年12月22日　撮影：丸森茂男

栄町

名所にちなみ「飛鳥山下」で開業
栄町は丁目が付かない珍しい地域

【DATA】
所在地：早稲田方面（A線）＝北区栄町36番地★三ノ輪橋方面（B線）＝北区栄町46番地
開業日：1913（大正2）年4月1日　**停留場名等経緯**：栄町（1958年9月・改称）←飛鳥山下（1925年2月7日・位置変更）←飛鳥山下（1913年10月31日・路線延伸位置変更）←飛鳥山下（1913年4月1日・開設）
区間：梶原（504m）＜当停留場＞（495m）王子駅前　**乗降客数（令和2年度）**：789人

停留場経緯 〜飛鳥山に近い印象の名前で開業〜

　1913（大正2）年4月の開業時には「飛鳥山下」と呼び、東北線を越えた南側の賑わう「飛鳥山公園」にちなんで命名した。王電の最初の停留場である「飛鳥山停留場」（王子駅南）の開業から3年後に開設。同1913（大正2）年10月と1925（大正14）年2月には、乗り継ぎ徒歩の短縮等のため王子側へ徐々に延伸している。

　東北線・王子駅南側の飛鳥山停留場は、広大な飛鳥山公園西側の本郷通り側に設置したが、当停留場は公園北側に位置している。開設時には飛鳥山下と飛鳥山間がつながっていないため、当停留場がある東北線北側の別のルートから南側の公園に入園するための役割があった。とはいえ東北線を越えなければならず、余り便利とはいえない。

　栄町から飛鳥山停留場方面へは、王子駅経由で大きく迂回する必要があるため、一時は市電・大塚線と直通する計画もあったとされる。栄町から高架で東北線を乗り越えて飛鳥山をトンネルで抜ける構想で、コンクリートの橋脚も一部構築されたという（宮松丈夫「王電・都電・荒川線」）。

　開業から40年が経った1953（昭和28）年、北区の町名整理に伴い西ケ原町の一部を栄町とした。そこで5年後の1958（昭和33）年9月、飛鳥山下停留場も町名に併せて「栄町」と改称し現在に至る。

　栄町とか共栄など、地名には「栄」を付けるのは戦後に流行し、「将来の繁栄を祈念した地名」とされる。

　所在地を分かりやすくさせるためを目的としてできた住居表示制度では、「丁目・番・号」まで付けるのが一般的だが、「栄町」は面積が小さいため「丁目・号」が省かれた町名となっている。

「丁目・番・号」の表示がない地名表示板。右建物は阿部学院高校

近隣架橋 〜旧飛鳥山下停留場の名が残る人道橋〜

旧飛鳥山下停留場（現栄町）の名称が残る痕跡では、JR・王子駅南口と飛鳥山公園を結ぶルートとしての「飛鳥山下跨線人道橋」【写真下】を見ることができる。延長41m、幅員2.74m。古レールを使っており1925（大正14）年に竣工、現存する貴重な人道橋である。

当時の行楽客は、王電の当停留場〜飛鳥山停留場間が結ばれていなかったため、当停留場で下車し東北線の車両を下に眺めながら当人道橋を渡って、吸い込まれるように直結する飛鳥山公園で花見などを楽しんだのであろう。

取材時のこの日は、飛鳥山の下の崖のアジサイが満開で、多くの人が楽しんでいた【写真右】。そこはまさ

に停留場名「飛鳥山（の）下」にふさわしい地点の印象であった。

飛鳥山公園とJR東北線方面を結ぶ長大な「飛鳥山下跨線人道橋」

【古地図探訪】

地図上の停留場「飛鳥山下」は現在の「栄町」。南側に賑わう飛鳥山公園があるので、公園にあやかっての停留場名を命名した。

当時はまだ飛鳥山下〜王子間は繋がっていなかったため当初の乗客は、500mほどの距離を歩きながら王子停留場で乗り換えた（88頁・王子駅前「古地図探訪」欄も参照）。

人々は東北線の南側にある、賑わう飛鳥山公園に出掛けるには難儀した。まだ地上線・東北線を越える王電の当停留場〜王子〜飛鳥山間が結ばれていなかったため、多くは東北線を渡って（跨線人道橋等）飛鳥山公園に出掛けたのである。

（昭和7年）

【停留場いま&むかし】

開業時の軌道はバラスト、ホームは石積であった（設計図）。大きな交差する道路もなく静かな住宅街の中にある。

◎1970（昭和45）年9月30日　撮影：荻原二郎

ホームの位置も以前と変わらず千鳥式ホームである。上写真のように交差する道路の一方通行標識も変わらない。たまにトラックが横切る程度の交通量である。

下左写真は上写真の定点観測写真で、早稲田行き方向の当停留場。停車中の早稲田行と行き交う三ノ輪橋行き。ホームの位置はほぼ変わらない

下中写真は栄町を発車する早稲田行。左手には大手化粧品会社・コーセーの研究所や美容専門学校があり、壁面などにおしゃれな雰囲気がある。静かな環境であるが、取材中の背後を東北新幹線E7系やE4系等が通過したのでうれしくなった。

今も昔も閑静な住宅街である。現在ではかさ上げされたホームから電車は出発する。

コーセー化粧品研究所のおしゃれな壁面に沿って停車する三ノ輪橋行き。

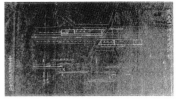

開業時の飛鳥山下停留場設計図。所蔵：東京都公文書館

【配線図今昔】

栄町　昭和40年代

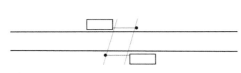

←早稲田　三ノ輪橋→

栄町　現在

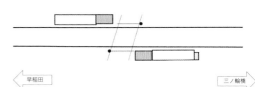

←早稲田　三ノ輪橋→

栄町アルバム

【急カーブを行く】栄町～王子駅前間の中間地点にある急カーブ付近で、電車は減速して走る。今でも周辺は以前と変わらない雰囲気を残す。
◎1972（昭和47）年5月1日
撮影：菊谷靖

【団子運転】栄町から王子駅前方面に進む。早稲田行きの7077号の後側に27系統の赤羽行きが、続いて走ってくる。
◎1972（昭和47）年6月24日
撮影：菊谷靖

【折返し線を横目に】王子駅前を出て、栄町へ向かう三ノ輪橋行き1000形。この折返し線は、王子駅前が終点だった19系統（通り三丁目―王子駅前）が利用していた。撮影：荻原二郎

【時代を映す割烹姿】直線区間の栄町付近。「大塚駅」行きの表示も珍しい。割烹姿の主婦が当時の生活感が感じられて好感が持てる。
◎1974（昭和49）年5月
撮影：諸河久

おうじえきまえ
王子駅前

当停留場からは旧赤羽線が分岐
荒川線で最大の乗降客数停留場

【DATA】
所在地：早稲田方面（A線）＝北区王子1丁目3番★三ノ輪橋方面（B線）＝北区王子1丁目4番
開業日：1915（大正4）年4月17日
停留場名等経緯：王子駅前（1942年2月1日・改称）←王電王子（1938年4月27日・改称）←王子（1932年12月1日・位置変更）←王子（1928年4月1日・東北線高架化の高架化に伴う位置変更）←王子（1925年2月7日・北側開設）←王子（1915年4月17日・開設＝南側）
区間：栄町（495m）＜当停留場＞（446m）飛鳥山　**乗降客数（令和2年度）**：9,239人

停留場経緯 ～王子で開業し、一時は「王電王子」も～

　1915（大正4）年4月に王電が飛鳥山から北進、東北線・王子駅前（南側）に乗り入れて開業した。開業時の停留場名は「王子」【写真下】で、現在の「駅前」は付いていない。

　「王子」は古来からの地名で、開業当時は「北豊島郡王子町」といい既に「町」（1908年町制施行）だった。「王子」はくぼんだ地（凹地）の意味。

　1925（大正14）年2月には、飛鳥山下（現栄町）からの延伸線が乗り入れて北側の王子停留場が開業。3年後の1928（昭和3）年4月には東北線・王子駅の高架化が実現、踏切で分断されていた王子駅の南北が結ばれ、三ノ輪～王子～大塚間が開通する。

　当停留場は自社停留場ということで1938（昭和13）年4月、当停留場の他に大塚・赤羽・熊野前の主要停留場に「王電」の冠を付けている。1942（昭和17）年2月の市電への移行によって、王子駅前を意味する現在の「王子駅前」へ改称した。

　三ノ輪橋～当停留場経由（分岐）で赤羽までの「赤羽線」（王子電軌→都電27系統）が1927（昭和2）年2月から出ていたが、都電廃止の波を受けて1972（昭和47）年11月に廃止されている（12頁に詳細）。ちなみに現荒川線の停留場別の一日当たりの乗降客は、当停留場が9000人余でトップである。

【開業時の王子停留場】当停留場は三ノ輪橋～赤羽間線と早稲田方面への分岐点でもあった。開業時の構内は周囲石造りで、壁上部はブロック舗装で整備されている。高架後の当写真の右手に早稲田方面への線路が見えるが、電車はこれから東北線高架をくぐる。左手には赤羽方面の線路が分岐している。石神井川を渡る王子大橋の欄干が見える。
◎1935（昭和10）年10月頃　出典：「王子電気軌道二十五年史」

沿線トピックス ～地上を走る官鉄線に阻まれた直通運転～

　王電が敷設した当時、官鉄の東北・山手線は地上を走っていた。このため王子・大塚駅では王電の電車が踏切を渡ることは危険とされ、王電レールは地上線を挟んで分断状態にされた。この結果、両駅を挟む南北間は直通で結ばれていないため、乗客はこの間を徒歩で乗り継いだ。

　しかし東北線・山手線の高架化がようやく実現し、1928（昭和3）年4月1日に三ノ輪～王子～大塚（北側）間（王子連絡線）が、翌5月15日には大塚（南側）～鬼子母神間（大塚連絡線）の南北間が結ばれた。こうして王電は東北・山手線の高架下をくぐりながら、三ノ輪～王子～大塚～鬼子母神間は1本レールで結ばれ、待望の直通運転が実現する。

　王電では官鉄の王子・大塚での直通運転を「当社電車事業の経営につき、時代的施設として、特記すべき事実なり」（「王子電気軌道三十年史」）と位置づけ、南北直結の実現が営業成績向上につながるとして大歓迎した。

近接駅❶ ～東北線・王子駅～駅舎三代～

　現JR王子駅がある東北線は、日本初の私鉄「日本鉄道」が敷設した鉄道であり、同鉄道は他にも「山手線」や「常磐線」を開業している。王子駅は日本鉄道が手始めに1883（明治16）年7月、上野～熊谷間を敷いた際に設置した東北線最古の駅の一つだ【写真右上】。

　1928（昭和3）年2月の京浜（現京浜東北）線が赤羽駅までの乗り入れで停車駅になり、これを機に高架化される【写真右中】。

　左右に長い大きな高架駅舎【写真右下】だが、ホームに上ってみると他のJR線が乗り入れていないため島式の1面2線だけである。

初代駅。提供：生田誠

近接駅❷ ～東京メトロ南北線・王子駅～

　当駅前には1991（平成3）年11月に開業した、営団地下鉄（帝都高速度交通営団＝現東京メトロ）・南北線の駅として開業した「王子駅」がある。

高架化後の駅舎。
◎昭和戦後（40年代）
提供：北区立中央図書館

沿線トピックス ～王子から池袋・新宿への路線計画もあった～

　「王子電気鉄道」（後に「王子電気軌道」）は数路線を出願しているが、建設できなかった「未成線」も見られる【次頁写真上左】。

　1906（明治39）年5月には、王子～三ノ輪間・王子～池袋間の2路線建設を願い出て、翌1907（明治40）年4月に敷設の特許が下付されている。池袋ルート線は王子～大塚～雑司ケ谷～（右折し）～池袋間である【次頁写真上右】。

　また1910（明治43）年3月には新宿の著しい発展を踏まえて、王子（大塚分岐説も）から巣鴨・戸塚・大久保

を経て新宿追分（現地下鉄丸ノ内線・新宿三丁目付近）に至る「新宿線」も出願する。この出願も同年7月に下付されている（当線は失効し、早稲田方向に計画変更）。

　他にも駒込・板橋・白鬚・南千住等への路線延長も計画した。王電としては積極的な進出を目論むが、資金難や当局の「道路を拡張してまで建設する必要性に乏しい」などの指導もあり、多くは「未成線」に終わっている。

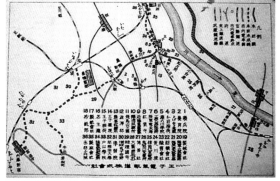

池袋・新宿・南千住等への未成線が見える。
◎王電発行の絵葉書

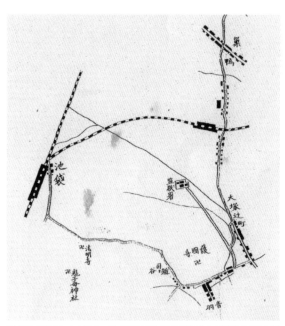

当初に出願した王子〜池袋間の計画路線図で、南部方面は現在とは違うルートだ。所蔵：東京都公文書館

王電史話
〜王電が改名させた「神谷」の地名〜

　東京メトロ南北線に「王子神谷」という駅がある。王電（王子電気軌道）は赤羽線の開業時に当地の停留場として「神谷橋」の名を付けた。だが付近の神谷は、地元では「かみや」ではなく「かにわ」と呼ばれていた。隅田川岸に、たくさんのカニがいたこと、つまり「蟹庭（かにわ）」が由来のようだ。

　王電では「この文字はフリガナでも付けなければ読めない」として、開通時に新設した橋を「神谷橋」と命名し、新停留場にも同名を付けてしまう。車掌が「かみやばし」と繰り返して案内しているうちに、「かにわ」はいつの間にか「かみや」として定着し、今日に至っているとされる（参考：「岩淵町郷土誌」）。

　王子（現王子駅前）〜飛鳥山下（現栄町）間は分離していたが、東北線の高架化で1928（昭和3）年に王子〜飛鳥山間が結ばれる直後の地図。赤羽行きの分岐線も開業し、路線が北側に伸びている。当時の王子停留場のホームは、赤羽方面と大塚方面行きと2カ所あったことが分かる。

　停留場前には「製紙会社」（王子製紙）と「印刷局抄紙部」が見える。後に「十条製紙社宅」「印刷局研究所」と変わり、現在では「ショッピングコーナー」「国立印刷局王子工場」になっている。一時は会社に向けて専用線が分岐されていた。（83頁・栄町の「古地図探訪」も参照）

「神谷」の文字が見える地下鉄南北線「王子神谷駅」

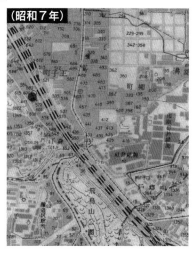

（昭和7年）

【停留場いま&むかし】

開業時の軌道は簡易舗装、ホームはコンクリートのブロック仕上げだった。その後に三ノ輪橋〜赤羽間線と早稲田方面への分岐点になる。官鉄線が地上線時代には早稲田方面へ敷設できず、高架になった1928（昭和3）年5月以降に延びている【写真上】。左側の石神井川の埋め立てが進んでおり、現在は飛鳥山公園、東北線をくぐる導水路ができて、墨田川方向に抜けている。

早稲田方面との分岐駅であった当停留場は、拠点駅でもあり、19系統（王子駅前〜通三丁目）の折り返し駅でもあった。そのため三ノ輪橋方に留置線（折り返しが可能）がある配線だった。三ノ輪橋方面から来た電車は左に早稲田、右に赤羽と振り分けられた。今も拠点であることに変わりはなく、乗客の多さから、ホームにて運賃受領の要員が配置されている時間帯もある。

現在の早稲田方面のホームは降車専用（出口専用）の階段、スロープが進行方向後ろ側に、全部で4カ所も設置されている。

下左写真も王子駅前を早稲田・赤羽側から望む。右の築堤上に京浜東北線ホームが見える。写真の右手前で分岐しているのが早稲田方面線でこれから国鉄の跨道橋をくぐる。駅の奥側には折り返し用の中線がある。

水面が見えた石神井川も（上写真）、半年後の下左

写真ではごみが浮かんでいる。現在は川の流れは無く、池のような空間が残っている。周辺にはファーストフード店などが並んでいる（下写真）。

現在ではホームが延伸され、中ほどに折り返し用に渡り線が設けられている。以前にあった中線（留置線）は廃止された。駅上部には東北新幹線高架橋がかぶさり、圧迫感が生じている。

◎1972（昭和47）年5月1日
提供：北区立中央図書館（撮影：菊谷靖）

◎1972（昭和47）年11月11日
提供：北区立中央図書館（撮影：菊谷靖）

【配線図今昔】

王子駅前　昭和40年代

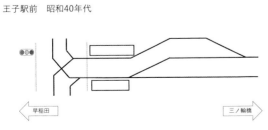

← 早稲田　　　　三ノ輪橋 →

王子駅前　現在

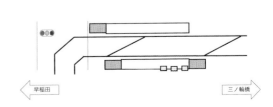

← 早稲田　　　　三ノ輪橋 →

王子駅前アルバム

【王子駅前に到着】赤羽から王子駅前に向かう6229号。王子駅前～赤羽間は、北本通りを併用軌道として走っていた。赤羽からは写真左手の大和銀行前を通り協和銀行の前を右折、すぐに左折して、王子駅前に着く。大和銀行の位置に現りそな銀行王子支店がある。◎1968（昭和43）年10月27日＝撮影：荻原二郎

【急こう配を下り停留場へ】旧国鉄・王子駅北口の高架下をくぐる都電32系統電車。高架線の向こうには、飛鳥山方面の急こう配道路がのぞく。
◎1951（昭和26）年　提供：北区立中央図書館（撮影：手川文夫）

【上空からの王子駅周辺】再開発の途中だろうか。旧国鉄・王子駅前の現在のロータリーにはまだ小さな建物が見える。それでも大きなビルも登場し、賑わいの兆しがうかがわれる。◎提供：北区立中央図書館

【いざ！急こう配】旧国鉄・王子駅南口付近の急こう配を上下する車の洪水。高架橋に書かれた「しずかに」は誰に呼び掛けているのだろうか。
◎昭和30年代　提供：北区立中央図書館

91

【こだま型特急】旧国鉄・王子駅を通過するボンネット型の161系車両。ヘッドマークは2文字なので、上野〜新潟間の「特急・とき」かもしれない。◎昭和40年代　提供：北区立中央図書館（撮影：長野隆）

【東部側停留場】王子駅前停留場を栄町側から見た写真。一般にはJR王子駅側から乗車するので、普段は目にしたことはない王子駅前停留場の別の顔である。すぐ左側には東北線が走り、停留場の奥側には駅前に店舗を構える銀行の看板が見える。右側に見える小屋風の建物は今でも健在であった。◎1970（昭和45）年5月1日　撮影：菊谷靖

【通勤ラッシュ】王子駅前停留場での三ノ輪橋方面行き新7000形。正面窓を1枚にするなどの改良が図られ好評の車両だった。朝のラッシュ時だろうか。学生やサラリーマンが下車してから、忙しそうに国鉄・王子駅の方向に向かっている。
◎1986（昭和61）年頃　撮影：辻阪昭浩

王子駅前停留場に並ぶ早
稲田行き7000形と三ノ
輪橋行きの新7000形。
左側の7000形は車掌乗
務の赤帯、右側の青帯は
ワンマン車で、ワンマン
化移行時には両帯車が併
存して走った。撮影日は
勤労感謝の祝日で、日章
旗が掲揚されている。三
ノ輪行き車の乗車口では、
駅員が殺到する乗客を整
理している様子がうかが
える。現在でも王子駅前
停留場のホーム入口には
料金収受の係員がいるが、
乗降客が荒川線最多の停
留場への対応の証しであ
ろう。（王子駅前）
◎1977（昭和52）年11月
23日　撮影：諸河久

王子駅前を三ノ輪橋側から望んだところ。右の32系統荒川車庫行き6000形は写真中央部の折返し線を避けるように進む。左の27系統8000形は王子駅前に到着するところ。中央の線路は折返し線で、王子駅前を終点とする19系統用だ。王子駅前に到着後、この折返し線を使い転線する。（王子駅前）◎1969（昭和44）年11月21日　撮影：丸森茂男

飛鳥山

王子電軌が敷いた最初の起終点地
飛鳥山客を見込んで真っ先に開業

【DATA】

所在地：早稲田方面（A線）＝北区滝野川1丁目4番★三ノ輪橋方面（B線）＝北区滝野川1丁目59番
開業日：1911（明治44）年8月20日　**停留場名等経緯**：飛鳥山（1911年8月20日・開設）
区間：王子駅前(446m)＜当停留場＞(411m)滝野川一丁目　**乗降客数（令和2年度）**：845人

停留場経緯 〜名所・飛鳥山の下車停留場〜

　開業時の王電が1911（明治44）年8月、真っ先に敷設したのがここ飛鳥山停留場（社史では部分的に「飛鳥山上停留場」の記載も）〜大塚（現大塚駅前）間であった。頼ったのは江戸の人気スポット・飛鳥山公園で、その観光客の乗車を見込んで開業、当停留場を起終点地として設置した。

　公園から明治通りを挟んだ停留場位置は「北豊島郡滝野川村大字西ヶ原村字飛鳥山前」で、公園の位置は「北豊島郡王子町大字王子字山ノ下」だった。ともあれ当停留場は、知名度の高い「飛鳥山」で異論もなく命名したようだ。

　1915（大正4）年4月には飛鳥山〜王子（南側）間が延伸開業し、山手線・大塚駅と東北線・王子駅間の官鉄間の連絡線が結ばれる。

停留場名由来地訪問 〜将軍・吉宗が造った「飛鳥山公園」〜

　人気の飛鳥山は8代将軍・吉宗が上野とともに桜の名所にしたとされ、江戸の昔から庶民で賑わった【写真下、次頁左】。上野・芝・浅草・深川とともに、日本最初の公園に指定されている。

　1933（昭和8年）に発行されたガイド本には「今は付近の工場地帯からの降り注ぐ煤煙と、ぎしぎし建てこむ人家に禍されて、樹数も減り、往年の風情もしのぶべくもないが、花時の賑やかさは依然昔と変わりない。

花見の時期を中心に賑わった。◎戦前写す　提供：いずれも北区立中央図書館

恐らく他の桜花の名所の何処よりも、天下晴れての無礼講が許されているからででもあろうか」とある。今は克服されているが、一時は周辺環境などにも悩まされ

庶民は仮装しながら桜を楽しんだ

飛鳥山公園に上るのを容易にした「アスカルゴ」

NHK大河ドラマでブームの「渋沢栄一一色」の感がある取材時の飛鳥山公園

ていた時期があったようだ。

「山」と名付けられているように「飛鳥山」は山である。上るには大変だが2009（平成21）年7月、JR王子駅南側から「あすかパークレール・アスカルゴ」【写真下】というモノレール（法律上は「（斜行）エレベーター」）で昇降できるようになった。ゆっくり上がる様子がエスカルゴ（カタツムリにちなんだ命名）に似ているからだそうだ。

山上は公園になっており、砂場やブランコ・滑り台などがある。新1万円札の肖像になる渋沢栄一（100頁に紹介記事）の居住地跡に建つ「渋沢史料館」や児童エリアもあり、家族そろって楽しめる公園である。

取材当日の公園は、NHK大河ドラマでブームの「渋沢栄一」の上り旗があちこちに立ち、渋沢一色の感があった【写真下】。

保存車両 ～荒川線で引退の「6000形6080号」が保存～

公園内の児童エリアには、都電が戦後に初めて製造した車両「6000形」が静態保存されている。1949（昭和24）年製造で青山・大久保・駒込車庫に配備された後に荒川車庫へ配属となった。荒川配属され1978（昭和53）年4月まで走り都電のワンマン化を機に引退、北区で引き取られ当公園の児童エリアで展示することになった。

当公園には主に中国地方で走っていた蒸気機関車（D51-853）も静態保存されている。

公園内に静態保存されている都電「6000形」

路線トピックス❶ ～旧信越本線・碓氷峠に匹敵の急勾配区間～

王子駅前～飛鳥山間の約200m（高低差9m）を走る併用軌道の勾配は、最大66.7パーミル（1000mで1m上下する単位）もある。国内の路面電車では最大の急こう配で、国鉄時代の最急こう配とされた旧信越本線・横

川～軽井沢間とほぼ同じとされる。同線は重い鋼鉄車両数両を機関車で押していたので、開業時はアプト式を導入するなど運行には難儀した。

一方当区間も以前は、雪や雨の日は滑って苦心した

とされる。だが国鉄と違い、こう配区間も100mと短く車両も1両である。しかも現在では車両も軽くなり、滑る日には車輪の前に砂をまきながら走るので軽々と上れるのだ。加えて道路上に三角鋲（さんかくびょう）を打ち込み自動車の軌道内侵入を防いだり、軌道を中央に位置変更するなどして、安全対策を図った。

急勾配区間にしたのは、高架東北線の下を潜らなければならないため、掘り下げるようにして路線を敷設したからである。

そこで鉄道ファンの間では、この区間を「荒川線の碓氷峠越え」と呼ばれている。

王子駅前停留場を出て急こう配を上る荒川線

沿線トピックス❷ ～愛称「東京さくらトラム」の由来～

都交通局は利用者増と沿線の活性化を目的として、漢字だけでやや堅苦しい「荒川線」の路線名に愛称を付けることにした。飛鳥山など沿線に桜の名所が多いこと【写真❶】と、観光客にも親しみやすいインパクトのある愛称であることをコンセプトに公募を参考して名づけることにする。

2218名からの応募があり、荒川線イメージの応募集

飛鳥山のさくらを背に走る荒川線。提供：北区立中央図書館

計では「さくら」「レトロ」「ローズ」「フラワー」「クラシック」「ノスタルジック」の順だったという。

そこで「沿線に名所が多く、イメージに合っている」「日本と東京を象徴する花で、外国人にも親しまれている」「日本語・ひらがなで、日本らしさが感じられ、語感もよい」などを踏まえて2017（平成29）年4月、「東京さくらトラム」【写真下】と決定した。地域によっては「バラ」こそ荒川線の代表花とする声もある。「トラム」は「路面電車＝tram-car＝の略」などを意味する英語だ。今でも飛鳥山公園では、満開の桜時期には荒川線で多くの花見客が訪れる。

愛称のヘッドマーク付けて走った車両。提供：北区立中央図書館

【王電・都電びと】飛鳥山に住んで身近な王電を支援した　渋沢栄一（1840～1931）

「近代日本経済の父」と言われる渋沢栄一は1878（明治11）年から亡くなる1931（昭和6）年までの半世紀余りを、自らが設立に尽力した王子製紙を一望できるここ飛鳥山に別邸（後に本邸）として居を構えた。

そんな縁もあって身近を走る王子電軌にも深く関わる。1909（明治42）年10月に伊藤博文がハルピンの駅頭で暗殺されると、経済界にも混乱を招く。その余波は特許を得ていた王電にも及び、予定の資金が集まらないで困惑していた。そんな時に「渋沢栄一子爵の後援……」（「王子電気軌道三十年史」）もあり、ようやく残株の整理が完了する。

渋沢は岩下青周（きよちか）（阪急電鉄・近鉄の実質創始者）な

どの資本家に声を掛け、王電への資金提供を促す。こうした渋沢の尽力により王電は危機を乗り越え翌1910（明治43）年4月、会社の創立に持ち込む。もし渋沢が飛鳥山にいなかったら王電は誕生しなかったかもしれない。

その翌年の1911（明治44）年8月、王電は渋沢の住む飛鳥山から大塚まで、初めての運行にこぎつけた。渋沢は眼下を走る王電を、自邸からさぞ満足げに眺めていたのだろう。

出典：「国会図書館デジタルアーカイブ」

【古地図探訪】

大塚〜飛鳥山間の路線が北進して、王子（現王子駅前）〜飛鳥山間が結ばれる。その後に東北線・王子駅の高架化で、王電の南北が直通となり、飛鳥山下（現栄町）〜王子〜飛鳥山間が繋がった頃の地図。飛鳥山下〜飛鳥山間は王子駅経由や飛鳥山越えの困難さから、ぐるり半周するルートとなっている。

王子駅前から飛鳥山停留場手前までの併用軌道区間は、我が国の路面電車で最急こう配といわれる。王電開業後の1923（大正12）年4月、飛鳥山停留場前へ市電・飛鳥山線（19系統・飛鳥山〜駒込橋間）が乗り入れている。

飛鳥山公園の東南側には、王電を支援した「渋沢（栄一）邸」（現国重要文化財）の表示も見える。

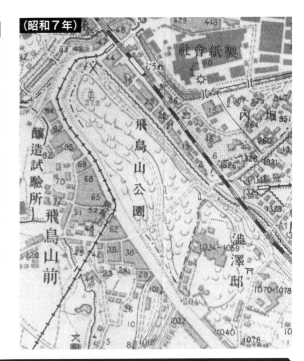

（昭和7年）

【停留場いま&むかし】

王子駅前を過ぎてから飛鳥山公園沿いを迂回するように明治通りから本郷通りを走り、右折することで飛鳥山停留場に至る。昔も今も相対式ホームであった。

下写真の手前に左右に直進する線路は19系統（王子駅前〜通三丁目間）である。32系統（現荒川線）は手前側に右折し、専用軌道に入り飛鳥山停留場に着く。

開業時、軌道はバラスト、ホームは石積だった。現在も停留場の位置は変わらないが、旧ホームの高さが分かる段差が残っている。早稲田側もスロープとなっており、さらにスロープの途中に横の道に降りる階段も設置されて、各方向からのアクセス性も考慮されている。

現在の飛鳥山停留場の位置は基本的に変わっていないが、以前あった渡り線が消えていることが伺われる。

◎1974（昭和49）年5月6日
所蔵：北区立中央図書館（撮影：菊谷靖）

【配線図今昔】

飛鳥山　昭和40年代

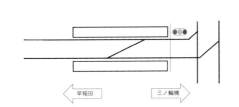

←早稲田　　三ノ輪橋→

飛鳥山　現在

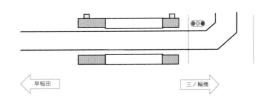

←早稲田　　三ノ輪橋→

飛鳥山アルバム

【飲み屋の誘惑】飛鳥山停留場の構内で飲み屋さんが並んでいる。これではまっすぐに帰宅するのには勇気がいる。現在では多くの店が閉まっていた。（コロナ禍による一時休店かもしれない）　◎1972（昭和47）年5月1日　撮影：菊谷靖

【併用軌道から専用軌道からへ】左に飛鳥山公園を見ながらこう配を上って来た車両は、併用軌道から右折して専用軌道に入る。
◎1974（昭和49）年5月6日　撮影：菊谷靖

【飛鳥山で交差する車両】飛鳥山停留場を出て併用軌道に入ったばかりの電車（左側）と、王子駅前停留場から急こう配を上ってきて飛鳥山停留場に入ろうとする電車（右側）が交差する。◎1974（昭和49）年5月6日　撮影：小川峯生

【飛鳥山名物・回転式スカイラウンジ】明治通りの歩道橋から見た早稲田行。写真軌道の右手にある車線の本数が以前は4車線、現在では3車線と荒川線の1車線分ということから、軌道が一車線分移設されたことが分かる。写真後側は王子駅前方向に坂を下っていく区間だが、いまは強固な中央分離ガードレールが設置されている。右手の飛鳥山公園には高さ24mの回転式のスカイラウンジがあり、周辺を展望できた。1993（平成5）年に23年間の活躍を終えて解体された。
◎昭和40年代　提供：北区立中央図書館

【眼下に走る京浜東北線】飛鳥山から栄町方面を望む。手前の京浜東北線の向こうに電車が見える。現在では公園から東北線を望む手前に、新たに新幹線の高架橋ができている。◎1972（昭和47）年5月6日　撮影：菊谷靖

【急こう配を上下】右側の早稲田行きの6219車は急こう配を上り終え、手前にある飛鳥山停留場に入線しようとしている。左側の荒川車庫行き7057号はこれから急こう配を下り、王子駅前停留場に至る。
◎1977 (昭和52)年11月23日　撮影：諸河久

滝野川一丁目

戦後に開業の新しい停留場
北区滝野川にあるJR板橋駅

【DATA】
所在地：早稲田方面（A線）＝北区滝野川1丁目23番★三ノ輪橋方面（B線）＝北区滝野川1丁目48番
開業日：1956（昭和31）年9月15日　**停留場名等経緯**：滝野川一丁目（1956年9月15日・開設）
区間：飛鳥山（411m）＜当停留場＞（346m）西ケ原四丁目　**乗降客数（令和2年度）**：1,610人

停留場経緯 ～北区に合併以前は「滝野川区」～

　戦後の1956（昭和31）年9月に開業した、荒川線としては荒川一中前に次ぐ新しい停留場だ。開業当時の町名に合わせて「滝野川一丁目」と命名し現在に至る。

　滝野川は現在では北区の町名だが、古くからの地名で江戸時代には現板橋区の一部を含む一帯を「豊島郡滝野川村」と称した。歌川広重などは好んでこの地の滝や川などの風景を描いている。明治期に入ると「北豊島郡大字滝野川村（町）」となるも1932（昭和7）年10月には、東京市に編入されて「滝野川区」となり東京35区の一つとされた。戦後の1947（昭和22）年3月に「王子区」と合併し、「北区」となり現在に至る。

　地名の由来は、付近の石神井川（滝野川の別称）で、滝のように水流が急だったところからという。

沿線トピックス ～北区滝野川にある「JR板橋駅」～

　JR埼京（赤羽）線・板橋駅は1885（明治18）年3月、「日本鉄道」（中仙道線）の駅として誕生した140年近い歴史を持つ駅である。その駅が板橋区ではなく、北区滝野川にあるというのも妙な話だ。

　もともとの板橋駅は旧中山道の交通往来を目的として、同街道沿いの「北豊島郡板橋村大字滝野川字北谷端」（現板橋区）と「同郡滝野川村大字滝野川村字北谷端」（現北区）、「北豊島郡巣鴨村大字池袋字雲雀（ひばり）ケ（が）谷戸（やと）」（現豊島区）の3村境に建てられた。ところが駅の所在地は原則として駅長室がある地点とされている（現在ではJR社内規定）ことから、同室が現板橋区板橋1丁目にあったため、1世紀を超えて「板橋区」で唯一の国鉄（JR等）駅として名乗ってきた。

　ところが2020（令和2）年7月の再開発で「JR板橋東口ビル」が完成すると、駅長室が所在する北区に移転してしまう。そこJRでは板橋駅の所在地は「北区滝野川7-4」となり、板橋区から北区に変えたのである【写真は同駅東口（滝野川口とも）】。

王電遺産 ～社紋とスタンプ～

　王電は他の鉄道会社と同じように社紋（社章＝写真左）とスタンプ【写真右】を作成している。社紋は王子電軌の「王」の文字化と、「電気」の象徴である「閃光・稲妻（せんこう）」をデザイン化したもの。スタンプは桜を中央にして、荒川の渡しなどで沿線の名所で囲むデザインとなっている

出典：「王子電軌30年史」

滝野川一丁目アルバム

昭和30年の地図だが、翌31年開業予定の当停留場が掲載されている。南側の停留場は記載はないが、西ヶ原四丁目で開業時には「滝野川停留場」だった。

南側の「東京外国語大学」の場所には、戦前「海軍火薬製造所」（旧下瀬火薬製造所）が置かれていた。東京外語大も2000（平成12）年に府中へ移転し、跡地は現在では「西ヶ原みんなの公園」になっている。停留場そばの「桜ケ丘女商高校」女は商業高校から、男女共学の4コース制の「桜丘高校」として健在だ。

（昭和30年）

【一直線を走る】早稲田行きの7066号を、当停留場から一直線の西ヶ原方面を望む。家屋の様相は以前とあまり変化がないように見えた。
◎1972（昭和47）年5月1日　撮影：菊谷靖

開業時の軌道は簡易舗装、ホームは石積みだった。早稲田方面ホームは、スロープができた以外はホームの位置としては変わらない。三ノ輪橋方面ホームは踏切の先に移動し、ホームが向かい合う相対式ホームとなった。両方向のホームとも、早稲田側にスロープがあるが、乗客の利便性を考えて三ノ輪橋側には、ホーム端に階段を設けている。当時、踏切には遮断機が付いていないが、安全性に対しての感覚はまだそんな時代だった。

◎1970（昭和45）年8月16日　撮影：荻原二郎

【配線図今昔】

滝野川一丁目　昭和40年代

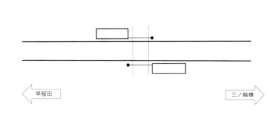

滝野川一丁目　現在

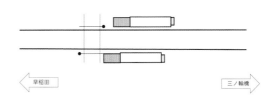

西ケ原四丁目

由緒ある「滝野川」名で開業
国指定の「一里塚」は遠く

【DATA】
所在地：早稲田方面（A線）＝北区西ケ原4丁目47番★三ノ輪橋方面（B線）＝豊島区西巣鴨4丁目30番
開業日：1911（明治44）年8月20日　**停留場名等経緯**：西ケ原四丁目（1956年9月15日・改称）←滝野川（1911年8月20日・開設）
区間：滝野川一丁目(346m)＜当停留場＞(417m)新庚申塚　**乗降客数（令和2年度）**：2,515人

停留場経緯 ～滝野川からの新町名に改称～

王電で最初の路線（飛鳥山～大塚間）の停留場で1911（明治44）年8月、由緒ある「滝野川」で開業した。地名の「北豊島郡滝野川村」にちなんでの命名だ。

西ケ原は1889（明治22）年までは「豊島郡西ケ原村」だったが、滝野川村の町制施行とともに「滝野川村大字西ケ原」となる。

1932（昭和7）年10月施行の「滝野川区」時は、従来の「滝野川区西ケ原」となるが、戦後の1947（昭和22）年に滝野川区と王子区が合併し北区が成立すると「北区西ケ原町」となり、滝野川の地名が消える。

1953（昭和28）年の北区による町名整理に伴い「北区西ケ原4丁目」となった3年後の1956（昭和31）年9月、隣に「滝野川一丁目」が開業することになり当停留場は「滝野川」を返上し、町名の「西ケ原四丁目」と改称した。

沿線名所 ～国史跡の「西ケ原一里塚」～

西ケ原の地名でよく知られるのは「西ケ原一里塚」【写真下左＝北区西ケ原2-13-2】で、1922（大正11）年3月には国史跡に指定されるほどの貴重な塚である。一里塚は荒川線から東に1kmほどの遠方にある。同じ停留場名の西ケ原とはいえ、飛鳥山停留場の方が近い。

西ケ原一里塚は1604（慶長9）年に幕府が諸街道を整備する際に、日光御成道（都道455号・現本郷通り）の2里目の一里塚として当地に置いたもの。大正初期の道路拡張の際に、保存を求める渋沢栄一ら地元有志が土地を買収して道路を対面通行にしたため、昔の姿で残ったとのことだ。

エノキなどの樹木に包まれた一里塚だが、昔の旅人はこの木陰で涼んだという。猛暑の中での取材だったので、古人の気持ちがよく理解できた。一里塚は道路の真ん中にあるため、残念ながら遠くから撮影するしかなかった。かつての都電19系統（王子駅前～通三丁目間）には「一里塚」という停留場【写真下右】があったので、荒川線も当塚に近かったら同じ「一里塚停留場」の名を付けたのであろう。

木立に囲まれ涼しげな現在の西ケ原一里塚

西ケ原一里塚前を行く旧19系統（王子駅前～通三丁目間）の都電。提供：北区立中央図書館（撮影：菊谷靖）

近接駅～東京メトロ南北線・西ケ原駅～はるかに遠い

　東京メトロ・南北線には「西ケ原」という駅があるも、場所は一里塚の少し南側だ（北区西ケ原2-3）。当西ケ原四丁目停留場から約1kmも東側なので、近接駅として歩くのはきつい。1991（平成3）年11月の開業で、地下鉄としては新しい路線である。すぐ南側にある人気観光地・旧古河庭園の下車駅として知られる。

【古地図探訪】

　停留場名「たきのがわ」（滝野川）は当時の村名が由来（地図では「（滝）野川町」）。現在の「西ケ原四丁目停留場」にあたる。

　南側の「滝野川学園」（正しくは「滝乃川学園」）は日本初の知的障害者のための教育・福祉施設で、皇室との関係も深い。渋沢栄一も理事長を務めた。後に巣鴨へ移転し、現在の国立市で創立130年を迎えている。

　東南の「下瀬火薬製造所」は日露戦争勝利に大きく貢献したとされる、海軍の施設だ（西ケ原四丁目の当欄参照）

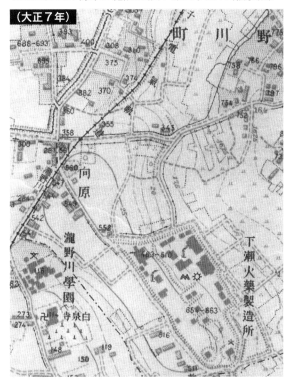

（大正7年）

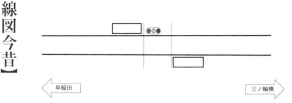

【停留場いま&むかし】

　軌道はバラスト、ホームは石積だった。交差点手前にホームがあるが、その配置は現在と変わらない千鳥式ホームである。住宅街である街並みもそのままで、高層ビルが見受けられないのも懐かしさを誘う。薬屋さんが保育所になっているのは今どきの情景か。

◎1970（昭和45）年8月16日　撮影：荻原二郎

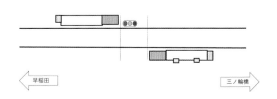

西ヶ原四丁目　昭和40年代　　　　　西ヶ原四丁目　現在

【配線図今昔】

←早稲田　　　　　三ノ輪橋→　　　　←早稲田　　　　　三ノ輪橋→

109

新庚申塚

「板橋新道」の名称で開業
乗換駅近くに映画撮影所跡

【DATA】
所在地：早稲田方面（A線）＝豊島区西巣鴨4丁目1番★三ノ輪橋方面（B線）＝豊島区西巣鴨3丁目15番
開業日：1929（昭和4）年5月24日　**停留場名等経緯：**新庚申塚（1930年3月17日・改称）←板橋新道（1929年5月24日・開設）
区間：西ケ原四丁目（417m）＜当停留場＞（219m）庚申塚　**乗降客数（令和2年度）：**2,649人

停留場経緯 ～「板橋新道」で開業～

当停留場は1929（昭和4）年4月に開業した市電・板橋線（巣鴨車庫～西巣鴨町間）の「庚申塚停留場」とほぼ同じ地点（現白山通りと永和通りの交差付近）に、翌5月に設置した。庚申塚停留場から僅か200mほどしかないのだが、市電乗り換えのために新たに設けられた。

当初の停留場名は「板橋新道」【写真】といった。板橋新道は当停留場の真ん前を南北に貫く道路で、現在の国道17号線（新中山道＝通称・白山通り）を指す。1927（昭和2）年から工事が始まり4年間ほどで竣工するが、同道が開道されると「庚申塚」（114頁「庚申塚停留場の項を参照」）にも増して、周辺にある多くの社寺の参詣客も増えていく。

しかし開業の翌1930（昭和5）年3月には拡充の新中山道の開道に伴う通称名の定着のためか、停留場名を板橋新道から隣の「庚申塚停留場」に「新」を載せた「新庚申塚」と改称した。同時期に市電・板橋線（41系統）も「庚申塚」から「新庚申塚」へ改称しているので、互いに調整が行われたのであろう。

当停留場前を走る「板橋新道」と呼ばれた新中山道（白山通り）

近接駅＝都営地下鉄三田線・西巣鴨駅 ～旧映画撮影所に隣接～

新庚申塚停留場を下車して白山通り沿いに西北方向へ進むと300m、5分ほどで西巣鴨駅【写真左】に着く。新庚申塚停留場には都営地下鉄「三田線」の大きな案内板があるので、明らかに乗換駅であることを実感する。1968（昭和43）年12月に都営地下鉄6号線（現三田線）の駅として開業した。

普通の駅舎だが隣接する場所には、重厚な煉瓦造り垣に囲まれた「大都映画巣鴨撮影所」（西巣鴨4-9-1。現区立朝日小学校）跡【写真右】がある。大都映画は、当地に1919（大正8）年～1942（昭和17）年に掛けて存在した。低予算と安価な入場料で大衆の支持を得た。松方弘樹の父・近衛十四郎や水島道太郎などを擁していた。（参考：豊島区史・ウイキペディア）。

旧大都映画の撮影所があったことを紹介する碑

　地図上にはまだ当停留場の表示はない。1930(昭和5)年の開業なので、翌1931(昭和6)年発行の地図には載ってよいはずだが、測量時にはまだ存在ぜず間に合わなかったのだろう。

　東西に走る市電は1929(昭和4)年4月に開業したばかり路線(後の都電41系統=巣鴨車庫～志村坂上間)である。

　西側に旧副停留場名だった大正大学が見えるが、古くは「宗教大学」と呼んだ。東側の広い敷地の「保養院」はベッド数1670あったという私立の大きな「脳病院」

で、1909(明治42)年に設立された。跡地には区立巣鴨北中学校が建つ。

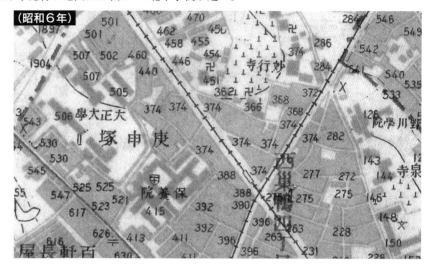

（昭和6年）

　軌道は簡易舗装、ホームは石積みで開業した。新中山道(白山通り)と交差する新庚申塚のホーム位置は変更なく、今と同じ千鳥式ホームであった。当停留場は昭和になってから西ヶ原四丁目～庚申塚停留場間に新設したので、隣停留場・庚申塚までは219mしかなく、現荒川線では最短距離の区間となっている。ホームの端に立つと目と鼻の先にあることが分かる。

　開業時資料によると、軌道敷が簡易舗装であったのは、軌道法による開業であったことを物語る。新旧写真を比べてみると、架線が直接ちょう架式からシンプルカテナリーとなっていることが鮮明だ。高速走行性能が上がっている。

　当停留場も交差する道路が広いため、踏切の遮断機ではなく交通信号に従うのは今も同じ。写真にあるコーヒーショップは現在、酒屋に変わっている。

◎1970(昭和45)年8月16日　撮影：荻原二郎

【配線図今昔】

新庚申塚　昭和40年代

都電18, 41系統

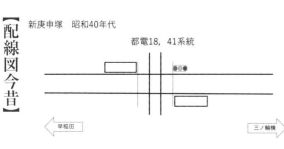

⟨早稲田　　　　　　　三ノ輪橋⟩

新庚申塚　現在

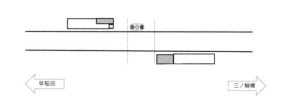

⟨早稲田　　　　　　　三ノ輪橋⟩

新庚申塚に停車中の荒川車庫前行き1000形。写真右側の線路脇に白いものが写るが、干している洗濯物である。のどかな時代であった。左手のキリンと書かれた看板のすぐ右側に架線柱が写るが、その先端は擬宝珠(ぎぼし)が載っている。王電が配電事業を行っていた証しの高圧線も残っている。(新庚申塚) ◎1962 (昭和37) 年3月31日
撮影：J.WALL HIGGINS (提供：名古屋レール・アーカイブス)

こうしんづか

庚申塚

名所への参詣客の乗降停留場
巣鴨村にあった字名も由来

【DATA】
所在地：早稲田方面（A線）＝豊島区西巣鴨3丁目2番★三ノ輪橋方面（B線）＝豊島区西巣鴨2丁目32番
開業日：1911（明治44）年8月20日　**停留場名等経緯**：庚申塚（1911年8月20日・開設）
区間：新庚申塚(219m)＜当停留場＞(512m)巣鴨新田　**乗降客数（令和2年度）**：2,450人

停留場経緯 ～小字名も停留場名由来の一つ～

　開業時の地名は「北豊島郡巣鴨村大字巣鴨字庚申塚」であり、江戸の頃から地名である。そこで王電は他の停留場などと同様に、字名から停留場名を付けた。ただ近くには「江戸名所図会」などにも紹介されている、信仰対象としての名所・庚申塚（別項参照）があった。そこで王電としては、参詣客誘致のもくろみもあって地名と併せて、知名度の高い庚申塚を停留場に命名したのであろう。

　十二支のうちの一つである「庚申」の年には、人の心が冷たくなるとされ、禁忌行事を中心とする信仰があった。人々は講を組んで中山道（旧）と王子道が交わる当「庚申塚」（猿田彦大神庚申堂＝下写真）を参詣し、併せてその南東側にある「とげぬき地蔵」（高岩寺）にもお参りしたことで、当停留場も賑わっていたようだ。

停留場名地訪問 ～停留場の極近に由来の「庚申塚」～

　停留場直ぐの旧中山道と王子道が交差する角に「巣鴨庚申塚」（豊島区巣鴨4-35）が見える。当庚申塚は1502（文亀2）年に建てられたとされるが、江戸時代になって消失してしまい、現在の小さなお堂に建て替えられたという。お堂を祀る「猿田彦神社」の猿田彦は、天照大御人の孫・ニニギノ命が高天ガ原から地上に天降りするときに、道案内を務めた神とされる。

　「庚申塔は全国どこにもあるが、特に当地の庚申塚だけが広く、かつ古い地名として用いられている。これは往昔、中仙道往来の旅人が傍らの茶屋を立場茶屋（休憩所）として休憩したので、いつの間にか『庚申塚』の呼び名が親しまれ今日に遺っている」（「王子電気軌道三十年史」）という。

　現在では西巣鴨となり、庚申塚は地名から消えたが、停留場の外に商店街などで庚申塚の名は生きている。

近隣名所 ～「お婆ちゃんの原宿」に巣鴨地蔵通り商店街～

　庚申塚停留場から1kmほど歩くと、「お婆ちゃんの原宿」として有名な「巣鴨地蔵通り商店街」に着く。通りの中間付近には江戸六地蔵といわれる「とげぬき地蔵」（高岩寺境内）がある。とげぬき地蔵の御影（みえい）を体の痛むところに貼って祈れば、病気の「とげ」が取れるご利益があるとされる。

　昔は「地蔵の縁日の日には、庚申塚停留場の踏切からお堂前への地蔵通りまで赤と藍のネオンが一斉に灯された」（「王電30年史」）というほど賑わったようだ。

　ちなみに「とげぬき地蔵」（曹洞宗萬頂山高岩寺）は延命地蔵尊ともいう。重病の妻の信仰する地蔵尊に祈願し続け快方に向かい、無病に至ったという言い伝えがある。毎月4日の日は地蔵尊の縁日で、「お年寄りの原宿」と呼ばれる「巣鴨地蔵通り商店街」には露店が並ぶ。

　電車では当停留場が近くなると「とげぬき地蔵はこちらでお降りください」の車内案内が流れる。

縁日の日は特に賑わう「とげぬき地蔵」の高岩寺。

【古地図探訪】

地図「庚申塚」の近くには社寺等の記号は見られないが、庚申塚等への参詣客の下車停留場である。斜めに走る旧中山道（通称・地蔵通り）を東側のゆくと、とげぬき地蔵に至る。

西側に「百軒長屋」の表記があるが、福祉家・長谷川良信が創設した広大な貧困者向けの住宅とされる。現在は白血病を克服した東京オリンピック競泳・池江璃花子選手の母校・淑徳巣鴨中高が建つ。

東側には定員101名の「脳病院」（私立精神病院）があったが1919（大正8）年、府立松沢病院として世田谷に移転した。当地一帯には古くから「社会事業施設や教育機関の区域への移転も相次いだ」（平凡社「東京都の地名」）のように、こうした福祉事業施設が多くみられる。

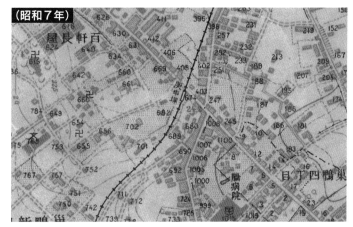

（昭和7年）

【停留場いま&むかし】

1911（明治44）年開業と、荒川線では最も古い停留場のひとつ。軌道上は簡易舗装、ホームは石畳であった。

新旧の写真を比べてみると、車両は新しくなったが、周辺の雰囲気はほとんど変わっていない。右側角にあるお米屋さんは現在も盛業であるが、しばらく踏切にたたずんでいると、「スズメのお客さん」が店の中に飛び込んでいった。

右写真は32系統早稲田行。左側のホームから続く石畳が心地よい。今では早稲田方面ホームの三ノ輪橋側には隠れたように小さな階段があり、個人宅への入り口の様だ。バリアフリー化（高床ホーム化）改造に際しての心配りが判る。

踏切をわたり右方向に進めば、「お婆ちゃんの原宿」として知られる「巣鴨地蔵通商店街」（とげぬき地蔵も）に至る。

◎1970（昭和45）年8月16日　撮影：荻原二郎

【配線図今昔】

庚申塚　昭和40年代

庚申塚　現在

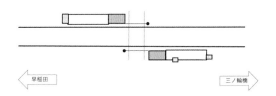

早稲田　　　　三ノ輪橋　　　　早稲田　　　　三ノ輪橋

すがもしんでん

巣鴨新田

隣接して王子電軌本社が所在
大字と字名を統合の停留場名

【DATA】
所在地：早稲田方面（A線）＝豊島区西巣鴨1丁目1番★三ノ輪橋方面（B線）＝豊島区西巣鴨2丁目22番
開業日：1911（明治44）年8月20日
停留場名等経緯：巣鴨新田（1939年10月23日・側線816m廃止）←巣鴨新田（1911年8月20日・開設）
区間：庚申塚（512m）＜当停留場＞（509m）大塚駅前　**乗降客数（令和2年度）**：1,180人

停留場経緯 〜開業時の「巣鴨新田停留場」は地名から〜

　開業時から変わらない停留場名で、巣鴨に新しく拓かれた田んぼから「巣鴨新田」とされる。当停留場が新設された1911（明治44）年8月の当地は、「北豊島郡巣鴨村大字巣鴨字新田」（1922年には東京市西巣鴨新田に改称）といい、停留場名には大字・巣鴨と小字・新田を統合させて命名したようだ。

　「新田」は田んぼや畑などにする目的で命名され、足立区には現在で地名（足立区新田1〜3丁目）存在する。
　開業時には本社とともに、車庫と変電所が置かれていた。当時の車庫は本線を挟んで両側にあったが現在では痕跡がない。

王電史話 〜近接地に王子本社があった〜

　王子電軌の本社は開業時には東京市麹町区三番町に置くが、1年足らずの1911（明治44）年2月には京橋区弥左衛門町（現中央区銀座4丁目）に移転する。1913（大正2）年6月には地元・北豊島郡巣鴨町大字巣鴨885番地にに本社を移転、1922（大正11）年3月には東京市西巣鴨新田965番地に本社を新築し移転させた【写真下】。

　当地は王子電軌の変電所が設置されていたこともあって、跡地には電気に関連する東京電力大塚支社（板橋事務所）の社屋（豊島区北大塚2−3）が建つ【写真右】。今でも停留場から旧社屋を見ることができる。

王子電軌本社があった跡地に建つ東電大塚支社。

当停車場の近くにあった王子電軌本社。（現東電社屋）
◎出典：「王子電気軌道二十五年史」

【王電・都電びと】
王子電軌を開業に導いた初代社長・才賀藤吉(1870～1915)

　現大阪市西区生まれ。丁稚奉公後に京都電鉄（後の京都市電）の三吉電機工場に見習いとして入り、後に設計・機器取り付けなどの電気コンサルタント事業を展開する才賀電機商会を起こす。

　衆議院議員に当選した才賀は、無料パスを使って全国を回り、地方の資本家たちに提案して会社を次々に立ち上げ会社の責任者となった。1910（明治43）年4月に王子電軌の社長に就く。

　「だが放漫経営の才賀に不信感が高まり、明治天皇の崩御による銀行数日休業による入金停滞で、資金運用ができなくなり破綻する」（「鉄道史人物事典」）。才賀は1913（大正2）年4月、3年間で社長の座を辞任した。引退後は不遇のまま45歳の若さで死亡している。＝写真出典：「王子電気軌道二十五年史」

【古地図探訪】

　西北側の地点（煙突風の記号）が、王子電軌の本社（現東京電力大塚支社）である。

　停留場東側の「養育院分院」は、扶養する人がなく自立に不足する高齢者・孤児等を保護する施設の分院（小石川区に本院）。跡地には現在、都立文京高校が建つ。

　東南に見える「廃兵院」は市営で、日露戦争により重傷を負って社会復帰が困難で身寄りがない人を収容した施設。国のために命をささげた人に「廃兵」と名づけているが、血が通っていない施設名に思える。

　大塚（おほつか）停留場はまだ山手線が地上を走っていたので、北側だけの同停留場への乗り入れである。

（昭和5年）

【停留場いま&むかし】

　南北全通時はバラスト軌道、ホーム石積みだった。ホーム位置は今も変わっていない、千鳥式ホームである。階段とスロープをホームの両側に設置し、ホームのかさ上げをした跡を確認できる。

　上写真は、巣鴨新田を出て大塚駅前に向かう32系統早稲田行8047号。ここから緩やかに右に曲がり、大塚駅前に至る。電車の後ろには旧王子電軌本社があった跡に建つ東京電力支社が見える。

　下写真は上写真と同じ、巣鴨新田を出て大塚駅前に向かう早稲田行8900形。遠くに巣鴨新田のホームが伺える。今は東京電力パワーグリッド㈱と名前を変えた、電力供給会社の通信タワーが建物屋上にそびえる。停留場から少し大塚駅に向かった所で、東京電力への入り口の踏切がある。踏切を渡って進もうとしたが、東京電力敷地のため前に進めず引き返すしかなかった。

◎1970（昭和45）年8月16日＝撮影：荻原二郎

【配線図今昔】

巣鴨新田　昭和40年代

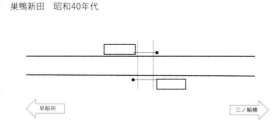

←早稲田　　　　三ノ輪橋→

巣鴨新田　現在

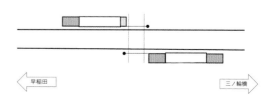

←早稲田　　　　三ノ輪橋→

おおつかえきまえ

大塚駅前

南北結ぶ省線高架橋には社紋
地上線で阻まれた延伸路線

【DATA】
所在地：早稲田方面（A線）＝豊島区南大塚2丁目46番★三ノ輪橋方面（B線）＝豊島区南大塚3丁目33番
開業日：1911（明治44）年8月20日　**停留場名等経緯**：大塚駅前（1942年2月1日・改称）←王電大塚（1938年4月27日・改称）←大塚（1932年5月5日・位置変更＝上下線南北分離）←大塚（1928年5月15日・山手線高架化位置変更）←大塚（1911年8月20日開設＝山手線大塚駅北側）
区間：巣鴨新田（509m）＜当停留場＞（501m）向原　**乗降客数（令和2年度）**：7,990人

停留場経緯 〜近隣にない地名・大塚を駅名に準じ命名〜

1911（明治44）年8月に王電として初めて開業した、大塚（北口＝現大塚駅前）〜飛鳥山間の起終点停留場である。

東北線に近い飛鳥山から南下、当停留場に乗り入れたため山手線の駅名に準じ「大塚停留場」と命名した。ただ大塚は当地には地名（北豊島郡巣鴨町大字巣鴨字宮伸）がなく、近くの東京市小石川区小石川大塚内の各町（大塚町・大塚坂下町など6町。現文京区大塚）を転用したとされる（拙著「山手線誕生」）。

大塚は「王の塚（墓）」のことで、「昔の豪族の大きな塚（古墳）があったとされるところから付けた地名」（通説）という。

1928（昭和3）年5月には地上線だった山手線が高架化【写真右】されて、王電・大塚停留場は南北がつながり、三ノ輪〜王子〜鬼子母神間が結ばれる。

1938（昭和13）年4月には自社停留場であることを示して、「王電」（王子電気軌道の略称）の冠を付けて「王電大塚」と改称したこともある。

戦時盛んな1942（昭和17）年2月、市電移行で名称を現在の「大塚駅前」と変更した【写真下＝北側】。

停留場の位置は、当時の地図や写真を見ると、山手線・大塚駅を挟んで南北や高架下へ数回にわたり移動（上下線分離・統合なども含めて）を繰り返している。

官鉄・山手線が高架となり、大塚駅前〜向原間が一本の線路でつながったばかりの大塚駅高架（南側）。高架には「王」の字をデザイン化した社章が掲げてある。高架下の大塚（現大塚駅前）停留場では電車を待つ人々が見える。
◎1935（昭和10）年頃　出典：「王子電気軌道二十五年史」

近接駅＝山手線・大塚駅（駅舎三代）〜三角屋根だった旧駅〜

　現JR山手線・大塚駅は「日本鉄道」（現JR東北線など建設）が、品川〜赤羽間を結ぶ「品川線」（現JR山手線）の池袋駅から分岐する「豊島線」（現JR山手線）の途中駅として、1903（明治36）年4月に開業した。当初は駅の設置計画はなかったが、豊島線の分岐駅が目白駅から池袋駅へ変更となったため、設置予定されていた雑司ヶ谷に代わって開業された。

　旧駅舎（南口）は、片方が長い招き屋根・腰折れ屋根ながら珍しい凹型（反り屋根）で、ドーマー窓や菱形アクセント、横窓が美しい風貌を見せていた【写真上】。次代（南口）は間口の広い平屋建ての倉庫風に見える小さな木造駅舎だった【写真左下】が、2009（平成21）年に駅舎老朽化のため解体、現在の駅舎が建った【写真下右】。

戦後＝出典：千葉商科大学「創立70周年記念誌」

◎1998（平成10）年3月

荒川線が横断する現駅前

沿線トピックス 〜ルート変更では神社境内を削り線路敷設〜

旧院（現JR）線・大塚駅前の再開発に伴い王電では、山手線の高架化に伴い南進ルートを変更することになる。だがルート上には巣鴨村総鎮守・天祖神社（現豊島区南大塚3-49-1）の、境内を含む敷地が大きく含まれていることに頭を抱える【地図】。天祖神社は後に、大塚駅前に元総理大臣・鈴木貫太郎が筆を執った碑が立つほどの由緒ある名社である。そこで1919（大正8）年7月、神社へ交渉に出向く。

王電は「乗客のため」として説得する一方、「境内の一部の無料使用について承諾を頂ければ、その軌道外に代地を用意する」とする覚書を渡す。神社では氏子とも相談して同月、「境内敷地を削られると不便となるうえ、参詣客にも危険が及ぶ心配もある。だが神社関係者が熟議した結果、使用を承認することにした」との意見書を渡した。「境内の一部とはいえ線路敷設には公益から、渋々ながら了承・押印したのだろう」と神社では話す。

こうして1928（昭和3）年4月から、電車は高架化した山手線をくぐり、神社の境内を横断するルートで走り始める。神社の北側に回って見るとなるほど、線路敷設のために削られたような痕跡が残り、境内の敷地を大きく提供したことが確認できる【写真】。区史では「神社よりも電車敷設の方が重視されてきた結果といえよう」と分析する（参考：「豊島区史」）。

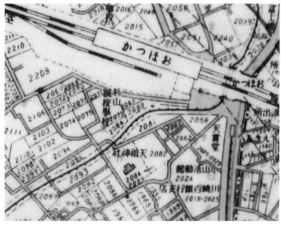

天祖神社の境内を横断する王電計画線（点線内の実線）

神社の旧境内敷地内を走る現荒川線

【古地図探訪】

王子・庚申塚方面から緩やかな勾配を下ると大塚停留場（北口）に至る。南口の大塚駅前停留場へは1913（大正2）年4月に市電・大塚線（16系統）が延伸しているが、山手線はまだ地上を走っている時代だ（117頁の巣鴨新田停留場「古地図探訪」参照）。

その後に山手線の高架化で1928（昭和3）年5月から王電・大塚駅の南北間は結ばれ（地図下）、停留場は現在と同じ山手線駅の高架下に置かれる。古地図によるとその後にいったん、山手線駅を挟んで上下ホームを南北に分けている。

当初からの大塚駅南側は、穏やかな曲線（左地図）を左右しながら南下するが、近年の駅南口の再開発もあり、直角に近いルート（下地図）に変更している。神社の位置からも、駅前を大きく広げたのがはっきり分かる。

（昭和4年）

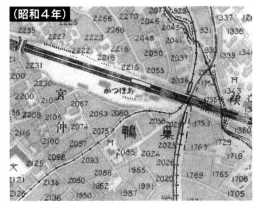

（現在）

【停留場いま&むかし】

　開業時は、ホーム・軌道ともにコンクリート仕上げであった。山手線との乗換駅で、高架下に停留場がある。開業時は山手線が地上にあり、大塚駅北側が終着であった。山手線の高架化で三ノ輪橋～大塚～鬼子母神間が直通された。山手線の桁に王子電軌の社章が彫り込まれていたが、これに代わり、現在では都電アーチ部分にイチョウのマークが掲げられ、昔を偲ばせている【写真下】。

　町屋・王子と同様にここ大塚駅前も、乗り換えのための乗降客でいつも多くの人で込み合う。今昔とも相対式ホームで、早稲田行ホーム北側では乗車券発売所（休日休み）が設けられており、一日乗車券を購入することができる。

　三ノ輪橋行き電車は、向原から大塚に掛けて下り坂かつ急曲線で、慎重に低速で降りてくる。この都電の姿もまた見どころ。山手線の高架下で、雨でもぬれない大塚駅前。新宿湘南ラインE233系が通過中。

　早稲田行きから降りた乗客が電車の目の前を横切り、山手線改札に向かう。折しも山手貨物線にタンク車を連ねた貨物列車が通過中。当時の駅前はまだ雑多な感じだが、現在はすっきりとした歩行者空間となっている。

◎1969（昭和44）年11月21日　撮影：丸森茂男

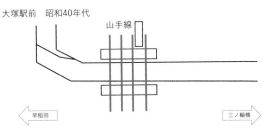

大塚駅前アルバム

【鉄橋もあった王電】停留場前（北口）の大塚八幡川鉄橋を渡る王子電軌の1形＃3電車。現在の同じ場所の川は埋め立てられ、橋上から路上を走る電車となった。
◎1940（昭和15）年頃
出典：「王子電軌30年史」

121

【看板に時代感】大塚停留場を庚申塚方面に向けて、上り勾配をゆく王電電車。後ろに「ビリヤード」の看板が見えるが、当時はやっていた球技だ。
◎1956（昭和31）年7月17日　撮影：小川峯生

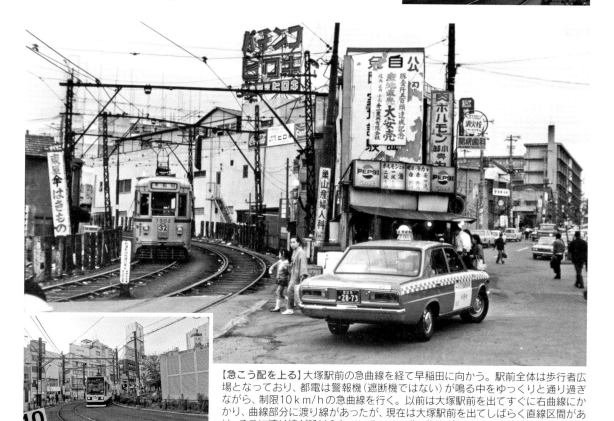

【急こう配を上る】大塚駅前の急曲線を経て早稲田に向かう。駅前全体は歩行者広場となっており、都電は警報機（遮断機ではない）が鳴る中をゆっくりと通り過ぎながら、制限10ｋｍ/ｈの急曲線を行く。以前は大塚駅前を出てすぐに右曲線にかかり、曲線部分に渡り線があったが、現在は大塚駅前を出てしばらく直線区間があり、そこに渡り線が設けられている。その分、曲線がきつくなっている。
◎1970（昭和45）年4月29日　撮影：井口悦男

【懐かしの純喫茶】旧国鉄・大塚駅北側の商店街前を走り抜ける7000形電車。近年ではほとんど見られなくなった「純喫茶！」の懐かしい響きに青春がよみがえる。
◎1972(昭和47)年2月1日　撮影：森川尚一

【上側からの大塚駅前停留場】旧国鉄山手線・大塚駅ホームからの大塚駅前停留場の7000形。大きく迂回しての都電と道路の位置関係は今でも変わらない。写真に見える不動屋さんなどは現存するが、掲げられた看板を辿ると店舗の栄枯盛衰が見えてくる。◎1972(昭和47)年5月6日　撮影：荻原二郎

大塚駅前停留場に到着する荒川車庫前行き170形。王電の社紋も都営交通のマークも、当時の山手線のガードには見られない。
当時、大塚駅前停留場の南口手前の曲線はゆったりとしたものだった。現在は写真の曲線の部分は直線となり、折返しのための
片渡線が設けられている。その分、曲線は急になってしまっている。
（大塚駅前）◎1962（昭和37）年３月31日　撮影：J.WALL HIGGINS（提供：名古屋レール・アーカイブス）

むこうはら

向原

近くの公園に都電の静態保存
停留場は小字名が由来で継続

【DATA】
所在地：早稲田方面（A線）＝豊島区南大塚3丁目24番★三ノ輪橋方面（B線）＝豊島区南大塚4丁目38番
開業日：1925（大正14）年11月2日　**停留場名等経緯**：向原（1925年11月2日・開設）
区間：大塚駅前(501m)＜当停留場＞(621m)東池袋四丁目　**乗降客数（令和2年度）**：1,460人

停留場経緯 ～他の停留場と同様に字名から命名～

王子駅前停留場から鬼子母神停留場まで延伸した1925（大正14）年11月、途中の停留場として開業した。明治時代の地図を見ると、現在のサンシャインシティや造幣局一帯が「北豊島郡巣鴨町大字巣鴨字向原」と表記してあるので、多くの停留場と同じように字名か

ら付けた停留場である。

「向原」は開業時から今日まで、1世紀近く停留場名が変わっていない。向原は所在地である現豊島区（巣鴨）の行政上の地名から消えたが、隣接する板橋区（向原1～3丁目＝むかいばら）には残っている。

保存車両 ～南大塚公園の「6000形6162号」～

向原停留場から10分ほど歩いた南大塚公園（南大塚2-27-1＝写真左）には、「6000形6162号」が保存されている【写真右】。1949（昭和24）年7月に製造され、1968（昭和43）年5月まで荒川線を走った。

上屋に収まっての保存だが、柱に阻まれて外観全体を撮影できなかった。保存車庫には「都電ものしり博物館」の看板が掛かり、旧都電案内図（路線図）やトロリーバスなどの写真も掲出されて、旧都電の雰囲気を少しだけ味わうことができる。

「6000形6162号」が静態保存されている南大塚公園

「都電ものしり博物館」の看板が掛かる場所に保存されていた。

【古地図探訪】

上地図では現春日通り（都道254号線）と交差する南側に「向原停留場」が見える。左地図から5年後の1937（昭和12）年の地図（右地図）では、交差北側に表示されている。わずかながら北側に移設したのだろうか。

すぐ西側は巣鴨刑務所である（129頁の東池袋四丁目参照）。

現在では交差地点から北側に向けて、広い空蝉橋通りが建設されて延びている。

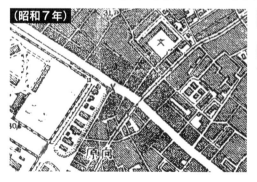
（昭和7年）

（昭和12年）

【停留場いま&むかし】

　春日通りとの交差点の両側に停留場があるのは今と同じで、千鳥式ホームであった。線路沿い両側の道もほぼ同じ配置だ。周辺の建物に時代を感じる。

　現在は、大塚駅前に掛けて地元の方々が大切に手入れしているバラが咲き、フラワーロードに変身した。かつては雑草が生い茂っていたそうだが、地元の有志がボランティアで清掃を始めたところ、20年以上前に植えられたバラが100本近くある事を発見したという。現在のバラ路線に生まれ変わっている。

　上写真は、向原に止まる早稲田行8000形。大塚駅前から勾配を上がった先に停留場があった。

　当停留場〜巣鴨新田間621mは当路線の最長区間である。それでもわずか5分ほどで着いてしまう。

◎1969（昭和44）年1月19日　撮影：荻原二郎

向原　昭和40年代　　　　　　　　　　向原　現在

←早稲田　　　　三ノ輪橋→　　　　←早稲田　　　　三ノ輪橋→

向原アルバム

【大曲して停留場へ】大塚駅前にむけて曲線を走る三ノ輪橋行き。現在は軌道両側に道路が整備されている。
◎1965（昭和40）年8月23日　撮影：日暮昭彦

アンケートによって路線愛称には「さくら」が採用されたが、バラも有力候補だったという。大塚〜向原間はフラワーロードとして整備され、線路沿いには多くのバラが咲いていた。

東池袋四丁目（副停留所名：サンシャイン前）

「水久保」「日出町」が旧停留場名
副停留場名は「サンシャイン前」

【DATA】
所在地：早稲田方面（A線）＝豊島区東池袋5丁目8番★三ノ輪橋方面（B線）＝豊島区東池袋2丁目41番
開業日：1925（大正14）年11月2日　**停留場名等経緯**：東池袋四丁目（1967年3月1日・改称）←日ノ出町二丁目←日出町二丁目（1939年4月1日・位置変更・改称）←水久保（1925年11月12日・開設）
区間：向原（621m）＜当停留場＞（247m）都電雑司ヶ谷　**乗降客数（令和2年度）**：3,743人

停留場経緯 〜歴代の地名が停留場名に〜

　当停留場は1925（大正14）年11月、「水久保停留場」で開業した。「北豊島郡高田村大字雑司ヶ谷字水久保」の地名が由来だ。「水久保」は付近を流れる「水窪川」から転嫁されたとされる（水久保川は水窪川の上流）。同川は今では暗渠となってしまったが、板橋区には「水久保」の地名が付く公園（水久保公園＝板橋区常盤台3-15-7＝写真下）が存在する。

　豊島区が誕生した1932（昭和7）年10月、当地の地名は「日出町」となる。1939（昭和14）年4月に開業した市電・池袋線（護国寺前〜池袋駅前間＝17系統）では当初から「日出町二丁目」と命名しているが、同時期に王電も市電と共同歩調を取り「日出町二丁目」（後に日ノ出町二丁目）と改称する。現在でも当地付近には、公園（豊島区東池袋4-22-1＝写真右）や町会に日出町の地名が残る。

　1966（昭和41）年11月の住居表示で地名は「東池袋」（旧池袋東・西巣鴨・日出町の一部）と変更されるが、それを機に町名から取って「東池袋四丁目停留場」と改称した。当時は都会的な地名（駅名が多い）へ改称する動きが強く、ここでも住居表示の動きに合わせて、山手線駅で知られた「池袋」としたのだろう。

旧停留場名の「日出町」が付く日出町公園

板橋区で見つけた水久保公園

副停留場名地訪問 ～旧拘置所の「サンシャイン前」～

　副停留場名は「サンシャイン前」だが、その名の通り停留場の西側にはサンシャインシティがそびえ、仰ぐことができる。「サンシャイン」は、複合商業施設である「サンシャインシティ」が正式名称である。当停留場からは約5分も掛からないので、副停留場名としても不自然ではない。

　以前には東京拘置所（巣鴨プリズン）があり、その跡地を再開発して1978（昭和53）年4月に竣工した。地上60階・地下5階の超高層ビルにはホテル・水族館・劇場などの他、アパレル店やレストランなどの専門店が入って賑わう。

当停留場近くには副停留場名のサンシャインシティがそびえる

近接駅 ～東京メトロ有楽町線・東池袋駅～

　当駅は1974（昭和49）年10月、営団地下鉄（現東京メトロ）・有楽町線（池袋～銀座一丁目間）の開業時に「東池袋駅」として設置された。出入口は当停留所の目の前だが、地下鉄・乗換駅の案内表示は見えにくい。

　また三ノ輪方面行きホームからの、同5番出入口は首都高直下のため低い位置に駅名表示があるので、どこから乗るのか慣れるまでは迷ってしまいそうだ（他の出入りは地上の高い位置に駅名表示あり）。

わかりにくい都電側の地下鉄・東池袋駅5番出入口

【古地図探訪】

　1932（昭和7）年の左地図では、王電の開業時の停留場名である「水久保」の地名が中央下に見える。地名が「水久保」から「日之出町二丁目」（下地図同位置）へ改正されると、停留場名も「日出町二丁目」に改称される。

　左地図には東西に走る現・日の出通り（都道435号線）はまだ開通していない。同道路の開通で1939（昭和14）年4月、市電（17系統・池袋線）が開業する。1969（昭和44）年には都電が廃止され首都高速道路ができた。現在では同道地下を東京メトロ有楽町線が走る。

　北側の莫大な用地に建つ「巣鴨刑務所」は「巣鴨プリズン」「巣鴨刑務所」とも呼ばれた刑務所で、東条英機などの戦犯が入獄した。刑務所内の建物の配置も時代の流れとともに大きく変わっている（下地図）。

　1978（昭和53）年4月からは跡地に、当停留場の副名となっている「サンシャインシティ」がそびえる。

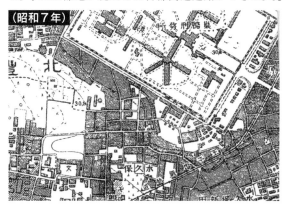

129

【停留場いま&むかし】

池袋駅前から数寄屋橋に向かう17系統（池袋駅前～数寄屋橋間）との交差点に位置する、千鳥式相対ホームを持つ停留場。開業時は軌道バラスト、ホームは石積みであった。17系統は、32系統（現荒川線）とほぼ直角に交差しており、相互の渡り線はなかった。

有楽町線・東池袋駅との乗換停留場で乗降客も多い。地下鉄との乗り換えの利便性を考慮して、スロープの他に、地下鉄駅入り口に向かって三ノ輪橋方面ホームの中間に階段を設けている。

サンシャインシティにも近いが、JR・池袋駅からの人流とは反対側のため、住宅街と地元の店舗が軒を連ねる。有楽町線が走る都道435号線との交差点の両側に停留場があり、高速道路下で乗降停車と信号待ちを兼ねる。現在の三ノ輪橋行きホームでは、昔の石積ホーム跡を発見でき、かさ上げした跡が伺える。

ホーム脇にある荒川線案内看板のそばに、「荒川遊園地へは荒川車庫行は参りません。三ノ輪橋行きにご乗車ください」（荒川遊園地は荒川車庫停留場の1つ先の停留場）という案内表示があった。

◎1969（昭和44）年1月19日　撮影：荻原二郎

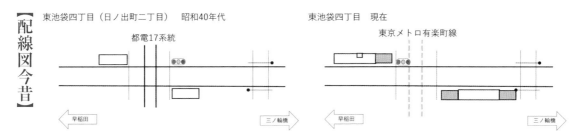

東池袋四丁目アルバム

【車の洪水のきざし】東池袋四丁目を出て荒川車庫前に向かう162号。都電を待つ車両からは、既に車の洪水が始まっていた様子が伺える。同じ場所の周辺はマンション通りに変わった。車の量が極端に少ないのは、写真右手に首都高速ができたおかげかもしれない。◎1960（昭和35）年5月　撮影：小川峯生

【進むビル化】旧日出町停留場時代の写真当停留場を出て早稲田に向かう8044号。交差するのは17系統の軌道で、池袋駅前から数寄屋橋を結んでいた。沿線にはすっかりビルが増えている。ホームの位置は新旧とも同じだ。◎1965（昭和40）年8月23日　撮影：日暮昭彦

日ノ出町二丁目を出た早稲田行32系統1000形。1000形は1933（昭和8）年に市電が、初期の木造車両を鋼体化して新造した車両。交差する線路は17系統で、左側が池袋方面だ。32系統との渡り線は無く、単純に直交している。写真左手には都電車庫が見えるが、17系統専用の大塚電車営業所日の出町操車所。現在では跡地に高層マンションが建築中である。（日ノ出町二丁目＝現東池袋四丁目）◎1958（昭和33）年12月12日　撮影：丸森茂男

とでんぞうしがや

都電雑司ヶ谷

近くの霊園が停留場名の由来
地下鉄開業で「都電」を冠に

【DATA】
所在地：早稲田方面（A線）＝豊島区南池袋4丁目11番★三ノ輪橋方面（B線）＝豊島区南池袋3丁目25番
開業日：1925（大正14）年11月2日
停留場名等経緯：都電雑司ヶ谷（2008年6月14日・改称）←雑司ヶ谷（1925年11月2日・開設）
区間：東池袋四丁目（247m）＜当停留場＞（510m）鬼子母神前　**乗降客数（令和2年度）**：1,067人

停留場経緯 ～「都電」の冠を付けた「都電雑司ケ谷」～

　開業時の地名は「北豊島郡高田村大字雑司ヶ谷」だった。王電としては知名度が高く、多くの参詣客の乗車が期待できる「雑司ヶ谷霊園」も意識して、地名と霊園にちなんで「雑司ヶ谷停留場」と命名した。

　2008（平成20）年6月には当停留場名と似たような、東京メトロ副都心線の「雑司が谷駅」が付近に新設されたため、「都電」の冠を付けて「都電雑司ヶ谷停留場」と改称する。

　ちなみに現在の地名はひらがなの「雑司が谷」だが、荒川線は住居表示前の地名「雑司ヶ谷町」のカタカナを継続使用する。多くの鉄道駅では、住居表示によって地名がひらがなになっても、カタカナを継続使用している例が多い。

停留場名由来地訪問 ～「雑司ケ谷霊園」～

　1874（明治7）年9月、東京市の共同墓地「雑司ケ谷墓地」として開かれた。いわば公園墓地の走りで、墓地特有の陰湿さがない。それ以前は徳川将軍家の薬園があり、1868（明治初）年には種苗園となった。面積は106,110平方mもあり、小泉八雲・夏目漱石・竹久夢二・永井荷風・東郷青児・大川橋蔵などの著名人が多く眠る。

　同霊園には正面通りと付く通路はあるのだが、これといった正面は見当たらない。管理事務所で、著名人が眠る区画（場所）が記載された「霊園案内図」を頂く。故人をしのんでじっくり墓参したくなってくる霊園であった。

近接駅 ～副都心線・雑司が谷駅～鬼子母神停留場の乗換駅の感～

　東京メトロ・雑司が谷駅は2008（平成20）年6月、副都心線開業で設置された。雑司が谷駅と銘打つが、荒川線の都電雑司ヶ谷停留場からはほど遠く、連絡駅とはいえないようだ。現実は鬼子母神停留場の目の前にあるで、むしろ同駅との乗換駅といえる。

　当時の営団では「鬼子母神前駅」ではなく、夏目漱石や永井荷風などの有名人が眠る雑司ヶ谷霊園の方が有名と判断しての命名だろうか。

　東京メトロの駅が開業すると、荒川線の方は「都電」の冠を付けて「都電雑司ヶ谷」と、東京メトロ路線と混乱しないように改称している。

都電雑司ヶ谷停留場からは遠い東京メトロ・雑司が谷駅

王電史話 〜荒川線にはなぜ専用軌道が多いのか〜

専用軌道が多いという理由で存続が決まった、ラッキー路線ともいえる「荒川線」。だが元来は「王子電気軌道」と名乗るように、当然ながら併用軌道の道路上を走る「路面電車」（軌道）で計画されている【地図】。例えば東北線・王子駅南側では「飛鳥山を迂回して千川上水（現千川上水跡等）に沿って南下し、中山道を横切り大塚駅に至るルート」（出願書要旨）である。

現路線を数回にわたって、左右に跨ぐように南下するルートで、大塚停留場から南側ルートも同様であった。ルートのほとんどは既設道路（現南大塚通りなど）で、その上に軌道を敷設しようとする工事計画だったのである。

だが実際に敷設したルートの大半は、新設の「専用軌道」【写真】で敷設されている。その理由としては「おそらくは工事費軽減のための策とみることができる」（「豊島区立郷土資料館年報」）とされる。既存道路上へ敷設するデメリットと、ほとんどが田畑である地域への敷設メリットとを比較して、現状ルートとなったのであろう。（参考：同年報・第15号）

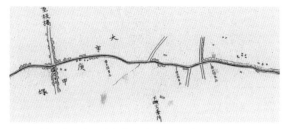

王子電鉄の出願書の路線案で道路上への敷設計画であったことが分かる。◎所蔵：東京都公文書館

専用軌道の荒川線（庚申塚付近で）

【古地図探訪】

いうまでもなく広大な雑司が谷墓地に隣接する停車場である。当地には江戸時代に「御鷹部屋」があり、常時70〜80名が将軍の鷹狩りに備えて鷹の飼育や訓練を行っていた。

（昭和12年）

【停留場いま&むかし】

開業時はバラスト軌道、ホームは石積みであった。周囲の建物、走行する車両などは変わったが、停留場の場所は変わらず昔ながらの雰囲気を残している。

右上写真は、雑司ヶ谷を出て早稲田に向かう7504号。雑司ヶ谷の停留場名柱が見える踏切の奥が雑司ヶ谷霊園なので、信号待ちの人は墓参りの帰りだろうか。

◎1969（昭和44）年1月19日　撮影：荻原二郎

【配線図今昔】

都電雑司ヶ谷　昭和40年代

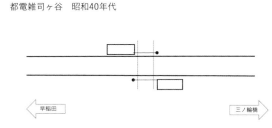

都電雑司ヶ谷　現在

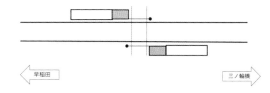

きしぼじんまえ

鬼子母神前

一時は終点停留場の時期も
母神には王電が奉納の玉垣

【DATA】

所在地：早稲田方面（A線）＝豊島区雑司が谷2丁目8番★三ノ輪橋方面（B線）＝豊島区雑司が谷3丁目2番
開業日：1925（大正14）年11月2日　**停留場名等経緯**：鬼子母神前（1928年12月25日・改称）←鬼子母神（改称）←鬼子母神前（改称）←鬼子母神（1925年11月2日・開設）
区間：都電雑司ヶ谷(510m)＜当停留場＞(491m)学習院下　**乗降客数（令和2年度）**：2,564人

停留場経緯 ～子育て神社への最寄り停留場～

1925（大正14）年11月に当停留場まで延伸して乗り入れ、ルート変更などで延伸の中断があり、3年間ほどは終点停留場でもあった。すぐに早稲田方面に延長される予定だったため、切替線1本の簡単な終点停留場だったという。

停留場名は地名（北豊島郡高田村大字雑司ケ谷）ではなく、有名な神社の「鬼子母神」から命名した。鬼子母神は子育てなどで信仰を集める神社である。3年後の1928（昭和3）年12月、「前」が付く「鬼子母神前」と改称している。

王電では社寺等については「固有名詞だけ」の停留場名から、大半に「前」を付けるようにしている。その後に「鬼子母神」と「鬼子母神前」の停留場名は、繰り返して改称したという説もあるが、近年は「鬼子母神前」で落ち着いている。

停留場名由来地訪問
～都内最古級の建造物の「鬼子母神」～

停留場名の由来である「鬼子母神」【写真左】は、子授け・安産・子育ての鬼神と知られる。当神の正式名は「雑司ヶ谷鬼子母神」で、境内の大イチョウや参道のケヤキ並木は都の指定天然記念物の指定されている。創建は約500年前の1666（寛文6）年頃で、都内最古級の建造物という。

鬼子母神には1931（昭和6）年に地元・高田町の道路改修にあたって、王子電軌が奉納した玉垣が残っている【写真右】

【時刻表】

主要停留場名として鬼子母神前の見出しも見える当時の王電時刻表。運転時刻・停留所名・賃金・回数券などが掲載、定期は26～70％を割り引いているのが分かる。

都内最古の建造物という　　王電が奉納した玉垣

◎1927（大正17）年1月付
出典：旅行案内社「汽車汽船旅行案内」

【古地図探訪】

南下に停留場の記号が見える。西北側の「雑司ヶ谷町三丁目」の左側に、停留場名由来となった「鬼子母神」が表記されている。

右に見える「中島御嶽」は、旧「北豊島郡高田村大字雑司ヶ谷字中島御嶽」（現豊島区南池袋4-25付近）という古くからの地名で、御嶽神社や御嶽坂などが現在でも残る。

（昭和7年）

【停留場いま&むかし】

開業時はバラスト軌道、ホーム石積みであった。停留場前の洋品店前に停車中の7507号で、当時の踏切も石畳だったことが分かる。

神田川の河岸段丘を上がったところに停留場がある。地元の方に伺うと、「角に立っている赤いビルが、元の洋品屋さんですよ」と教えてくれた。

現在、線路直下にて都道工事中で、荒川線は仮桁上を走行している。これは環状第5の1号工事で、山手通りのバイパス機能を果たす予定だ。

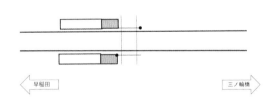

◎1969（昭和44）年1月19日　撮影：荻原二郎

【配線図今昔】

鬼子母神前　昭和40年代

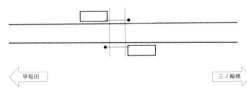

← 早稲田 　　三ノ輪橋 →

鬼子母神前　現在

← 早稲田 　　三ノ輪橋 →

鬼子母神前アルバム

雑司が谷から穏やかな坂を下って鬼子母神に着こうとする車両。周辺には深い緑がまだ残っている。
◎1974（昭和49）年10月28日
撮影：森川尚一

137

鬼子母神付近を行く荒川車庫行3000形。雑司ヶ谷から鬼子母神にかけては、起伏の激しい地形で、線路もアップダウンする直線区間である。双方の停留場から都電の走行が見渡すことができる。この付近は住宅地で、現在でも高い建物が少なく落ち着いた家屋が並ぶ。（鬼子母神）◎1967（昭和42）年6月4日　撮影：丸森茂男

学習院下

学習院への敬愛を込めて命名
通学子女は乗らなかった王電？

【DATA】
所在地：早稲田方面（A線）＝豊島区高田2丁目7番★三ノ輪橋方面（B線）＝豊島区高田2丁目16番
開業日：1928（昭和3）年12月25日　**停留場名等経緯**：学習院下（1928年12月25日・開設）
区間：鬼子母神前（491m）＜当停留場＞（503m）面影橋　**乗降客数（令和2年度）**：1,716人

停留場経緯 ～学習院に敬愛を込めた停留場名～

　いうまでもなく学習院【写真下】の下方に設置したことからの「学習院下停留場」である。学習院の正面はJR山手線・目白駅側にあり、東側の当停留場側は裏口に当たる。鬼子母神～早稲田間は切り割りして敷設した勾配ルートが多い。そのため当地からの学習院キャンパスは、崖上に位置する形で木々だけが覗く。停留場は、学習院への敬愛の意味を込めて「学習院下」と命名したのだろう。

　学習院は5万数千坪の土地を買い上げ1908（明治41）年、四谷区から当地に移転してきている。

　当停留場を下車して学習院に向かう。昔の地図（次頁）にはキャンパス内の裏門に至る、やや広めの通路（学習院下通り）が見える。地図上からは正式な門を構えていたと思われるので、王電で通勤した関係者はここからキャンパス入りしたのだろう。とはいえ「当時は学習院へ通学する子女の大半には付き人がおり、王電・

学習院下停留場を利用したとは思えない」（学習院大学OBの話）と推測する。

　今では職員の通用口のような小さな扉があるだけで、とても高貴な学習院の正式な裏門とは言いにくい【写真下】。

通用門のような荒川線近くの学習院の現在の裏門

王電が開業した頃の学習院の正門で、まだ一般の人々は入学できなかった　◎1933（昭和8）年頃＝出典：「大東京写真案内」

【古地図探訪】

鬼子母神前停留場から切り割りした急こう配線を南下しながら降りてくると、学習院下停留場に着く。地図上では西側に広大な「学習院のキャンパス」が広がるが、家屋に阻まれて荒川線からは見ることはできない。

地図にあるように王電から西に入った狭い道路（現学習院下通り）の途中に北側の学内へ入る道が見えるが、学習院の裏門なのかもしれない。とはいえ当時の学習院に入学するには、送り迎え付きの皇室・華族等の子女に限られており、王電に乗っての通学者はいなかったようだ。やはり学校関係者などに限定した通用門だったのだろう。

東側の「金乗院（慈眼寺）」は「目白不動尊」ともいわれる名刹。東側の学校は区立高南小学校で現存する。この付近からはビルやマンションなどが一層増えてくる。

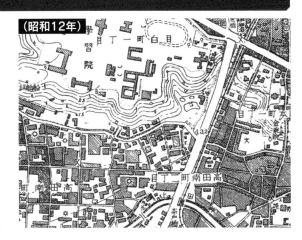

（昭和12年）

【停留場いま&むかし】

開業時は軌道・ホームともにコンクリート仕上げであったが、その後にバラスト軌道になっている。写真にあるように歩道橋の位置に荒川車庫方面のホームがあったが、現在は踏切を通過した鬼子母神前側に移設された。

反対に早稲田行のホームが現在の位置に移動、位置を交換する形となった。千鳥式ホームから逆千鳥式ホームに変わった。

現在の写真では分かりにくいが、植え込みの辺りに旧ホームの石積みが残っている。ここも三ノ輪橋方面ホームは、明治通り歩道からのアプローチ利便性を考えて小さな階段が設けられている。

上写真は、当停留場に到着した荒川車庫前行6000形。大きな荷物を背負った乗客が電車を待つ。写真右手の明治通りは現在と比べて幅員が小さいようだ。歩道橋の位置は、半世紀が過ぎた今も変わっていない。

◎1969（昭和44）年1月19日＝　撮影：荻原二郎

【配線図今昔】

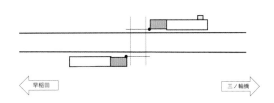

学習院下　昭和40年代

学習院下　現在

←早稲田　　　　三ノ輪橋→

←早稲田　　　　三ノ輪橋→

【王電・都電びと】
荒川線の存続を決めた東京都知事
美濃部 亮吉(1904 ~ 1984)

　現武蔵野市に憲法学者・美濃部達吉の長男として生まれる。東京大を出てから母校の講師を経て、法政大や東京教育大(現筑波大)教授に就く。テレビでの経済教室で人気を得て「物価のみのべ」で売り込み、63歳の時に都知事に当選する。

　財政再建を掲げた前知事の都電廃止の公約を受けて、美濃部は都電の廃止を進めたが、もともと都電廃止には消極的だったようだ。そこで最後の3期目に「都電は公害を出すわけじゃないし、せめて2路線ぐらいは残せないか」と事務当局に指示、荒川線を残させたという(『読売新聞』)。美濃部は後に当時の全国区で参議院議員に転じたが、任期途中の80歳で亡くなった。

出典：講談社『婦人倶楽部』(1967年)

学習院下アルバム

【台地際を下る】鬼子母神前から千登世小橋をくぐり、学習院下に向かう3000形。緑に囲まれた区間だ。マンションが追加されただけで、70年前と変わらない風景に心が和む。
◎1953（昭和28）年9月4日
撮影：荻原二郎

【消えた居酒屋】学習院下に到着した早稲田行き。交差点に飲み屋さん（居酒屋）があり、賑わっていたようだ。現在では飲み屋さんは閉店し、マンションと替わっていた。電車を待つ車は2列になっているが、今見るとそれほど大きな道ではないことに驚く
◎撮影：日暮昭彦

【一番の風情路線】学習院下から勾配を上り鬼子母神前に向かう荒川車庫行171号。王子電気軌道初の半鋼鉄製高床式ボギー車。周辺は自然と勾配があり、今も昔も荒川線で一番風情のある区間だと思う。この景色を大切にしたい。◎撮影：日暮昭彦

【人気撮影地】学習院下から勾配を下り神田川を越えて、当地点から直線区間を経て面影橋停留場に至る。背景にサンシャインシティが伺えるところから、荒川線で最も撮影される地点でもある。ワンマン化に改造された7500形で青帯が目印だ。周辺はビルが増え、一方では沿線の木々も伸びてサンシャインビルの全体が見えなくなっている。
◎1977(昭和52)年11月23日　撮影：諸河久

学習院下停留場で乗降扱いをする32系統早稲田行。背後に森が見えるが、現在はマンション群となっている。車両の160形は王電時代からの引継ぎ車。王電隆盛時代の車両で当時は「200形」といい、関東大震災後に沿線の発展と路線延長を控えて新造された期待のボギー車であった。（学習院下）◎1967（昭和42）年6月4日　撮影：丸森茂男

【豆粒の都電】写真右中央から右下にかけて、明治通りと並行して走る荒川線が見える。6000形三ノ輪橋方面行きが学習院下を出て目白通りの千登世小橋をくぐらんとしている。撮影当時 (1972年) はサンシャイン60 (1978年竣工) 等の超高層ビルはほとんどなく、西早稲田の超高層ビルからは、学習院下〜鬼子母神前間にかけての都電線路がよく望めた。

現在では明治通り沿いに高層ビルが立ち並び当時の面影はないが、確認のための現状写真を撮るため学校と交渉したが、コロナ禍や管理上の理由から実現しなかった。学生だった頃には授業の合間に屋上まで上がり、都電や山手線をよく眺めたものである。
◎1972（昭和47）年11月11日　撮影：森川尚一

おもかげばし

面影橋

神田川に架かる小橋が由来
高田馬場方面への分岐点時代も

【DATA】

所在地：早稲田方面（A線）＝新宿区西早稲田3丁目7番★三ノ輪橋方面（B線）＝新宿区西早稲田3丁目17番
開業日：1928（昭和3）年12月25日　　停留場名等経緯：面影橋（1930年12月25日・開設＝戦中は通過）
区間：学習院下（503m）＜当停留場＞（467m）早稲田　　乗降客数（令和2年度）：822人

停留場経緯 ～小さな橋だが名橋で停留場名に～

1928（昭和3）年12月の開業だが、1年3ヵ月ほどは早稲田延伸の終点停留場としての役割を果たした。

停留場名は地名（旧北豊島郡戸塚町大字源兵衛字バッケ下48）からではなく、近くの橋名・面影橋を採用する。「面影橋」は、付近を東西に流れる神田川に架かる橋で「姿見橋」とも呼ばれた。初代橋は承応年間（1652～55）の神田上水工事の頃に造られたという。

ちなみに橋名の由来は「歌人・菅原道真が鏡のような水面に姿を映した美貌の娘が、次々と遭う災難を苦に髪を切り、深夜にこの橋の上から川面に映る、自分の変わり果てた面影を見て悲しんだ」などの諸説がある。「俤橋」とも書く。

訪ねてみると停留場の北側に面影橋は、緑の陰に隠れるようにひっそりと架かっていた。小さな橋だが「江戸名所図会」にも描かれるほどの名橋である。

当時の地図によると、神田川に架かる橋は面影橋しか見当たらない。官鉄の水道橋や飯田橋のような例もあり、荒川線では三ノ輪橋とここだけだが、橋が停留場名に採用されても不思議ではなさそうである。

荒川線トピックス ～分岐点だった面影橋停留場～

うまやばし
厩橋（現台東区）から早稲田停留場に乗り入れていた都電の39系統（旧江戸川線）が1949（昭和24）年12月、早稲田線・面影橋停留場から分岐し戸塚二丁目を経て「国鉄・高田馬場駅前」（面影橋～高田馬場間は戸塚線・15系統）までが開業することになる【次頁「古地図探訪」参

照】。

面影橋停留場付近で、直角に曲がって早稲田停留場に乗り入れるが【写真左】、その地点から西側の高田馬場駅方面へ分岐していた。現地に出向くと、当時の都電・戸塚線の雰囲気を伺うことができる【写真右】。

早稲田停留場に向かう面影橋付近

直角に曲がり面影橋に向かう路線（左側）と、高田馬場駅への旧路線（右側）との分岐点付近

学習院下から南に向かって勾配を下り、神田川を越えて大きく左折すると面影橋停留場に至る。終点・早稲田まで全通を目途に延伸してくるが行き止まりの停留場で、1年3カ月ほど終点の役割を果たした【左地図】。

当停留場の北側に「面影橋」が架かるが、停留場名は史話を持つ同橋にちなんで命名した。王電が走る沿道で、縦断・目白通りも横断・新目白通りもまだ開通していないころである。停留場下には「天照皇大

（昭和7年）

神宮」（西早稲田天祖神社）や名鐘楼門を持つ寺院「鐘楼堂」が見える。

右地図は1949（昭和24）年12月、面影橋停留場を経て明治通りを左折し早稲田通りを（逆L字型に）右折、高田馬場駅前停留場に延伸・開業した都電・戸塚線（15系統）が見えるが、1968（昭和43）年9月に20年間足らずで廃止となってしまう。

（昭和30年）

当時の32系統の終点・荒川車庫の行き先表示が見える。開業時の当停留場は神田川を渡ってすぐの併用軌道上にあった。しかし新目白通りを拡張する際に都電の線路は、道路の中央に位置するように移設されたため、当停留場も移った。

開業時の構内はホームがコンクリート、軌道は石積みであった。現在では上屋が付き、電車待ちでも雨にぬれないように改良されている。

むかしは、ほとんど車が走らない石畳の併用軌道であった。夕暮れの買物客で賑わう八百屋さんの前を行く7060号。現在は上下4車線の道路に挟まれたセンターリザベーション（道路中央部に専用軌道）構造となっており、八百屋さんは廃業、跡地ではお茶屋さんが営業していた。右手の茶色いビルがこの場所だ。

◎1972（昭和47）年11月21日
撮影：森川尚一

【配線図今昔】

面影橋　昭和40年代

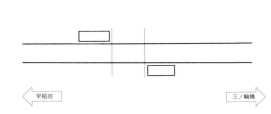

早稲田　　　三ノ輪橋

面影橋　現在

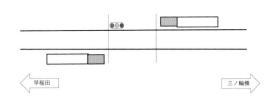

早稲田　　　三ノ輪橋

【高田馬場への分岐点】手前は学習院下から面影橋に至る32系統。後方に高田馬場を出て茅場町に向かう15系統が迫る。右手に神田川に架かる鉄橋がある。線路の両側に片側2車線の新目白通りができ、様相が一変した。
◎1967（昭和42）年12月3日　撮影：井口悦男

【試運転電車】27系統（三ノ輪橋〜赤羽間）の系統番号を付けたまま、面影橋にやってきた試運転列車と偶然に出会う。当時の周辺は空き地が多かったが、交通量の多い新目白通りの建物はことごとくマンションに建て替えられている。今では線路の両側に幹線道路が通ったため、容易に近づくことができない。
◎1974（昭和49）年4月13日　撮影：森川尚一

【神田川を渡って】学習院下から神田川を渡り面影橋に向かう3000形。この先で高田馬場からの15系統と合流する。下写真は神田川を下路ガーダー橋で渡り、左折して面影橋に向かう8500形。この先の交差点で一旦信号待ちをしてから、新目白通りの中央部専用軌道に入る。◎撮影：日暮昭彦

【雪景色】面影橋～学習院下間の雪景色。新目白通りはまだできていない。これから神田川を渡るところだ。◎1974（昭和49）年1月22日　撮影：森川尚一

【寒冷での1枚】雪が舞う寒い一日で、震えながらシャッターを切った半世紀前が昨日のことのようだ。◎1977（昭和52）年1月23日　撮影：森川尚一

【違法駐車？の脇を】面影橋−早稲田間を行く7509号。駐車場（あるいは、今でいう違法駐車？）が軌道の脇にあり、車を止めるだけのために、軌道を利用していたことがわかる。これも併用軌道の役割だったのかもしれない。現在では道路も拡張され、停留場もホームに上屋が付き様相が変わった。
◎1977（昭和52）年1月23日　撮影：森川尚一

【ワンマン化スタート】面影橋停留場付近を行き交う7000形と7500形。この年の秋からワンマン化がスタートした。左の7000形は車体を新造してのワンマン化改造が行われ、都電のイメージを大きく変えた。
◎1977（昭和52）年1月23日　撮影：森川尚一

【急カーブを曲がって】新目白通りの道路工事が始まっている。面影橋に向かう急カーブの線路敷設をしている様子がよく分かる。写真右端に神田川を渡る橋梁の一部が写る。現在もこの部分は急曲線で、自動車、歩行者に注意しながら最徐行で進む。◎1977（昭和52年）年1月23日　撮影：森川尚一

【白十字一色】早稲田から飛鳥山停留場付近までの沿線には、白十字の看板の列が延々と続く。同本社は近くの豊島区高田にあるため広告戦略だろうが、荒川線南側の風物詩と思えてならない。

早稲田

計画変更で市電に繋げた終点地
「大学前停留場」の設置構想も？

【DATA】
所在地：早稲田方面（A線）＝新宿区西早稲田1丁目23番★三ノ輪橋方面（B線）＝新宿区西早稲田1丁目22番
開業日：1930（昭和5）年3月30日　**停留場名等経緯**：早稲田（1949年12月・高田馬場延伸移設）←早稲田（1932年1月17日・線路延長で位置変更）←仮・早稲田（1930年3月30日・開設）
区間：面影橋（467m）＜当停留場＞　**乗降客数（令和2年度）**：3,179人

停留場経緯 〜東京市電との連絡や大学で命名〜

　開業時の当早稲田停留場【写真下】の位置は、「豊多摩郡戸塚町大字下戸塚字三島288」だったので、「停留場・早稲田」は地名とは異なる。

　王電の早稲田延伸の目的は初期とは違い、1918（大正7）年6月に九段坂下（現千代田区）方面から乗り入れていた東京市電「江戸川線」（後の39系統）の終点「早稲田車庫停留場」【写真右段左】へ接続させることであった。そこで停留場名は同市電・停留場名に合わせた。結局は戸塚の地の前名より、市電停留場名や知名度の高い早稲田を選んで命名したのであろう。

　加えて設置予定地の南側周辺には、牛込区の早稲田鶴巻町・牛込早稲田町・早稲田南町など、早稲田が付く地名が散在していた。また停留場予定地の真南には、広大な早稲田大学の構内が広がっていた。一方では早稲田大学方面への延伸計画（次頁地図参照）もあり、異論もなく「早稲田停留場」を名付けたと思われる。

　こうして1930（昭和5）年3月に面影橋から延伸し、市電とは道路一つを隔てた手前の早稲田仮停留場まで乗り入れる。2年後の1932（昭和7）年1月に市電・早稲田停留場に延伸させ接続、王電は現路線を全通させた。

　戦後の1949（昭和24）年12月、都電では山手線・高田馬場まで延伸（戸塚線・15系統）させることになり、停留場を旧王電・仮早稲田停留場の現在地に移設している【写真下右】。

市電・早稲田停留場があった「現都交通局早稲田自動車営業所」

現在の早稲田停留場。開業時の駅舎の雰囲気を残す

開業時の出入口で、大塚・王子などへの「近道」の文字が掲げられている。官鉄への対抗表現だろうか。
◎1935（昭和10）年頃
出典：「王子電気軌道二十五年史」

沿線トピックス 〜新宿乗り入れを断念し早稲田方面へルート変更〜

　王子電軌は著しく発展する新宿方面への乗り入れを画策する。そこで1910（明治43）年3月、大塚から西巣鴨・高田町・戸塚・大久保を経て内藤新宿（新宿追分で現地下鉄丸ノ内線・新宿三丁目付近）に至る「新宿線」を出願した。新宿から「京王電気軌道（現京王電鉄）」との合意の上で、直通運転（当時の京王は軌道運転で、内藤新宿が起点）を視野に入れていたのだ。この出願は1912（明治45）年7月、「1921（大正10）年3月までに竣工する」ことを条件に下付される。

　ところが新宿付近の用地は、東京郊外の発展で建築物が急速に増加するとともに地価の高騰を招き、買収は難航を極める。王電は数回にわたり工事延長を願い出るが、池袋への路線延伸構想とともに1924（大正13）年9月に特許は失効してしまう。

　困惑した王電では内藤新宿方面への延伸を諦め、失効から1年後の1925（大正14）年3月、高田町千登世（鬼子母神停留場付近）付近で南東進させ早稲田で市電に繋げるもくろみ路線を出願する。

　特許を得た王電は工事を延伸させ1930（昭和5）年3月、早稲田停車場（市電に直結していないので仮停留場の位置づけ）までを竣工・開業する。とはいえ市電に繋げることが王電の悲願である。ところが仮・早稲田〜市電・早稲田間はわずか260mしかないものの、用地買収の遅れと急きょの設計変更で工事は難航する。この短区間は1930（昭和5）年3月の着工から実に1年10カ月も掛かって、1932（昭和7）年1月にようやく竣工・接続するのだ。

　新春に市電との東京市電との締結式を終えた王電経営者は、「念願の市電・早稲田への乗り入れが実現した。今年はよい年になりそうだ」と大喜びしたという。（参考：出願書、豊島区史、小林茂多「行政文書に見る王電社史」）

王電史話 〜「大学前停留場」の設置計画もあった？〜

　王電では1925（大正14）年3月にルートを変更し、学習院下から早稲田（戸塚町大字下戸塚字三島）までの延伸を出願した。目的は東京市電（早稲田停留場）への接続であり事実、1927（昭和2）年10月発行の「王子電軌沿線案内」には「大学前停留場」を設置・経由した上で、「市電早稲田」につなげる計画線が書き込まれている（地図の点線部分。※出願書では見つけられなかった）。

　それにしても市電早稲田停留場と王電・早稲田停留場間は早大正門側に迂回しても、200〜400mほどしかないし、この間に停留場を設置することはかなり不自然なルートであるように思える。どのような意図をもった路線図（沿線案内）だったのだろうか。

「沿線案内」には王電の終点・早稲田停留場から「大学前」への計画線が描かれている。だが大学前から市電・早稲田には点線が見えないのは単なるミスとは思えない。出典：「王子電気軌道沿線案内」（昭和2年）

停留場名由来地 ～早稲田の杜に開校の「早稲田大学」～

王電が「大学前」に乗り入れようとしていた早稲田大学は、「早稲田田んぼ」【写真下】といわれる当地で1882（明治15）年10月、「東京専門学校」として産声を上げた。校歌に「早稲田の杜に……」と歌われるように、周辺は田園風景だったのだろう。1901（明治34）年9月に「早稲田大学」【写真下】と改称し、後に産業界や政界・学界・スポーツ界などに人材を送り出してきた。

創立者・大隈重信は明治初期、「今は軍備こそ必要だ」とする西郷隆盛らの反対を押し切って鉄道建設に踏み切った。日本への鉄道導入の恩人でもある。

当時は「早稲田田んぼ」といわれるほど田んぼが多かった。建物は早稲田大学前身の東京専門学校。
出典：国立国会図書館アーカイブ

重厚な美しさが感じられる早稲田大学のシンボル・大隈講堂

【古地図探訪】

上地図は1930（昭和5）年3月に面影橋から早稲田仮停留場まで延伸した時の地図。斜め道路の東側（三角地帯西側）へ1916（大正7）年6月に乗り入れた、市電・江戸川線（39系統）の「わせだ」（早稲田）停留場が見える。

王電は2年後の1932（昭和7）年1月、右上地図のように延伸（三角地帯東側）して念願の市電・早稲田停留場とつながる。右下地図では市電を山手線・高田馬場駅まで延伸させるために、停留場を旧王電・仮早稲田西側（三角地西側）に移設している。

下地図の停留場南側には、1万5000坪の旧彦根藩・相馬（順胤）邸（現区立甘泉園公園）や忠臣蔵で知られる堀田安兵衛跡（元戸塚第一小学校付近で安兵衛碑がある）、早大野球場（元早大総合学術情報センター）などが記載されている。

（昭和30年）

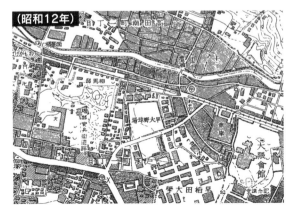

（昭和12年）

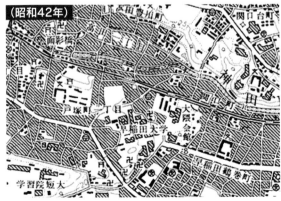

（昭和42年）

近接駅 ～東京メトロ東西線・早稲田駅～遠い600m

　早稲田と付く駅名だが、荒川線・早稲田停留場とは600mも離れている。乗換駅とは言いにくい。もっとも都電も東京メトロも、お互いが乗換駅とは説明はしていない。だが自分自身も上京して間もない頃、「駅名も同じであるし、両駅は乗換駅だろう」と勘違いをして、10分ほどを歩いて乗り継いだ苦い経験を持つ。

　営団地下鉄（現東京メトロ）・早稲田駅は、東京オリンピック開催の1964（昭和39）年12月の「東西線」開業と同時に開設された。東京を東西に貫く同線だが、地下鉄として初めて東京都外（葛西～浦安＝千葉県＝間）に敷いたさきがけの路線だ。その後には埼玉県方面への「有楽町線」など、都外線も続々と誕生する。

東西線・早稲田駅は普段は学生で賑わうが、コロナ休校でひっそりしていた

【停留場いま&むかし】

　以前は相対式ホームで、32系統は早稲田折り返しで荒川車庫行に、39系統は同じく早稲田折り返しで、厩橋（現台東区）行きとなった。

　行き先によりホームを統一するために早稲田停留場の西側に渡り線があったようだ。現在は荒川線の終点となり、Y字型の配線となっている。降車ホーム（相対式）、乗車ホーム（単式）は分離されているが、乗車ホームが空いていれば写真後方の降車ホームを通過して、両面ホームに到着するのが通常の扱い。写真右側で降車、左側のホームが乗

車ホームだ。電車が詰まっているときは写真後方の降車ホームを利用する。

©1968（昭和43）年8月11日　撮影：荻原二郎

【配線図今昔】

早稲田　接続時

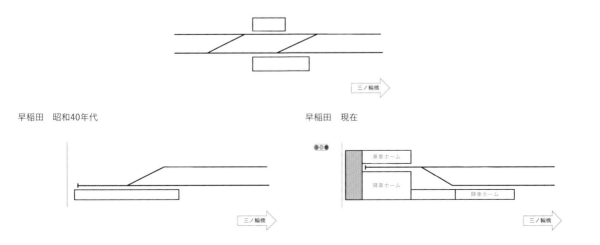

早稲田　昭和40年代

早稲田　現在

早稲田アルバム

【早稲田到着】荒川車庫からきた32系統は早稲田で終点となる。構内には売店が見えるが、当時の停留場にはこうした店が多くみられる。現在ではホームや上屋が付き当時の風景はよみがえって来ない。
◎1972（昭和47）年5月1日　撮影：菊谷靖

【折り返しの停留場に】早稲田から先の江戸川橋方面が廃止になり、折り返しのみが行われるようになった時代の写真。いずれも荒川車庫前行の方向幕を掲げているが、右が到着した7000形、左が早稲田を出発する7500形。後ろ姿なのだがヘッドライトが点いたまま。これから車掌が消すという段取りなのかもしれない。◎1972（昭和47）年11月21日　撮影：森川尚一

第3章
資料編

東京スカイツリーをバックにして走る都電荒川線（荒川区役所前停留場付近で）

荒川線基本データ

歴史	王子電気軌道	1911（明治45）年8月20日、飛鳥山〜大塚間で開業
	東京市・都電	1942（昭和17）年2月1日、東京市に譲渡し市電へ。翌年7月1日に都電
	荒川線移行	1974（昭和49）年10月1日
線区	営業区間	三ノ輪橋〜早稲田間
	営業キロ	12.2km（専用軌道部10.5km、併用軌道部1.7km）
	停留場数	30カ所
	平均停留場間隔	421m
	最短区間	219m（新庚申塚〜庚申塚間）
	最長区間	621m（向原〜巣鴨新田間）
	走行キロ（年間）	1,481,000km
	〃（一日平均）	4,046km
乗車人員	1日平均(令和2年度)	46,683人
	〃　　（平成27年度）	45,656人
	〃　　（平成22年度）	49,517人
	〃　　（平成17年度）	54,470人
	〃　　（平成12年度）	57,470人
	〃　　（平成7年度）	61,802人
	〃　　（平成2年度）	66,297人
	〃　　（昭和60年度）	64,437人
	〃　　（昭和55年度）	75,273人
	〃　　（昭和50年度）	87,583人
	最高乗降客停留場	9,239人（王子・駅前）
	最低乗降客停留場	473人（荒川七丁目）
	年間定期(令和元年度)	8,476千人
	年間定期外（同）	8,610千人
	年間計（同）	17,086千人
	年間計（平成30年度）	17,339千人
	年間計（平成29年度）	17,437千人
車両（現役）	在籍車両数	33両
	（内訳）	7700形　8両（定員62人）
		8500形　5両（定員65人）
		8800形　10両（定員61人）
		8900形　8両（定員62人）
		9000形　2両（定員64人）
	延日使用車両	11,401両
	平均電力量	3,152千kwh

規格	軌間	1,372mm
	電気方式	直流600V
運転	最短運転間隔	3分00秒
	評定速度	13.1km/h
	最高速度	40.0km/h
	平均速度	11.78 km/h
	起終点間所要時間	56分
	営業日数	365日(うるう年を除く)
運賃収入	定期(令和2年度)	892,801千円
	定期外(令和2年度)	1,196,267千円
	計(令和2年度)	2,080,068千円
	一日平均(令和2年度)	6,089千円

※参考：東京都交通局「事業概要」(令和2年版)など

【事前の方向幕変更】早稲田停留場にて。これから荒川車庫前行きとして折り返すので、到着前に方向幕は変えている。乗客サービスの一環だ。折り返し状況を確認中の車掌さん。運転間隔が結構詰まっていたのかもしれない。
◎1972(昭和47)年2月1日
撮影：森川尚一

写真で見る荒川線用語事典

Arakawa Line encyclopedia to see in a photograph

【あ】

◆あんぜんちたい（安全地帯）

　路面電車に乗降するための人の安全を図るために道路に設けられた施設。道路標識、道路標示により安全地帯であることが示されている道路の部分。道路交通法に定められている。

　安全地帯の手前にはV字型の標識が設けられており、自動車の運転者に注意を喚起している。

　荒川線の併用軌道上には乗降場が無いため、安全地帯の標識はない（関連語→プラットホーム）。

1972（昭和47）年9月30日（洲崎で）　撮影：森川尚一

◆うわや（上屋）

　プラットホーム上に設置された屋根。現在は高架下の大塚駅前を除く全停留場に整備されており、乗客にとってありがたい設備。運行側にとっても悪天候時にも乗り降りがスムーズで、電車の定時運行にも役立っている。

　本来、柱と屋根からなる構造物で、倉庫等にも見ることができる。

【か】

◆かさあげ（嵩上げ）

　従来より高くすることを言う。堤防のかさ上げ、予算のかさ上げなどで用いられるが、荒川線ではワンマン化の際に、ホームを嵩上げするとともに、車両の乗降口ステップを廃止し、ホームから段差無しに車両に到達できる様に改良した。合わせて道路からのスロープも完備し、バリアフリー化を達成した。

◆きかん（軌間）

　→ゲージ

　2本の走行レール頭部間の内側距離。荒川線は1372mmを採用している。東京都電の前身である馬車鉄道に採用されていた軌間で、京王電鉄京王線系統、都営新宿線、東急電鉄世田谷線などに見られる。

◆きどう（軌道）→路面電車

　鉄道車両を走行させるための構造物。砕石等の道床、枕木、レールからなる。鉄道車両が占有して走ることができるものを専用軌道、新設軌道という。道路交通と同じ敷地を走るものを併用軌道という。

　また鉄道と軌道を区別する場合もあり、その際には、軌道は原則道路上に敷設されたものをいう。

◆きどうつうこうかひょうしき（軌道通行可標識）

　軌道を車が走って良しとする道路標識。もともとは、併用軌道上は自動車通行不可であったが、増加する自動車による渋滞対策として各地で通行可に変わっていった。そのため路面電車はますます運行速度が低下し、廃止される都市が増えていった。

　現存する路面電車は軌道内通行禁止となっているところが多いが、荒川線は、唯一、王子駅前〜飛鳥山間が併用軌道かつ通行可となっている。道路構造上、専用軌道化は難しいのかもしれない。

◆ぎぼし（擬宝珠）型装飾

　柱の先端に取り付けられる装飾。橋の欄干にある主要な柱上部にネギ坊主の様な形のものを見た方も多いと思う。装飾であるが、柱先端の保護も兼ねている。

　都電の架線柱先端にも取り付けられていたが、都電廃止と共にその本数は減り、荒川線沿線では6本を確認することができた。

◆ぎゃくちどりしき（逆千鳥式）ホーム

　→プラットホーム（千鳥式）

◆きょりひょう（距離標）

　起点からの距離を表示するプレート。三ノ輪橋停留場に「0k000m」の表示があり、以後早稲田まで100mごとに線路わき、ホームの側面

に取り付けられている。主として保守の利便の為と思われ、気にする乗客はいない。

写真は三ノ輪橋にある距離標。荒川線はここから始まる証だ。電車が止まる位置は写真の右、約15m手前だ。

◆けいとう（系統）

電車では走行する区間経路で系統という表現が用いられている。行先の明確化のため市電では1914（大正3）年3月から付け始め、1923（大正12）年9月には通し番号制を導入した。

荒川線は32系統（荒川車庫前～早稲田間）、27系統（三ノ輪橋～赤羽間）で運行されていた。

◎1969（昭和44）年10月20日（新宿で）　撮影：森川尚一

◆こうたいかせん（鋼体架線）

トロリー線（パンタグラフに接する電源供給線）が鉄製アングルに固定されている架線。天井部との間に絶縁板が取り付けられているが、木製のようだ。地下鉄によく用いられる構造。大塚駅前停留場に見られる。

◆こうばい（勾配）→急こう配

線路の傾斜をいう。特に荒川線では急こう配が注目される。急こう配は単位距離あたりの高低差が大きい線路。鉄道では1000m進んだときに何m上下したかで表現される。単位は　‰（パーミル）。上りでは登坂能力、下りで

は制動能力が問われる。

JR等の普通鉄道では10 ～ 25‰、電車専用線で33‰程度、箱根登山鉄道で最急勾配80‰であるが、荒川線では66.7‰が王子駅前－飛鳥山間に存在する。併用軌道の為、勾配途中で停車することもあるが、難なく再起動して勾配を上っていく。

【さ】

◆しゃしょう（車掌）

列車の乗務員。運転業務以外のすべてをこなすといえる。路面電車の場合、運行の安全確認、乗車券の発売、折り返し地点でのビューゲル（集電装置）の転換補助等、業務は多かった。荒川線では、車掌乗務がなくなり、運転手一人乗務のワンマン運転となっている。

南砂三丁目付近　安全を確認する車掌。
◎1972（昭和47）年9月30日　撮影：森川尚一

◆しんごう（信号）

合図を送るための標識。交差点では交通信号に従うことは、万人が理解していることであるが、自動車運転免許を持つ方でも、黄色矢印の路面電車専用の信号灯火があるのはお忘れかもしれない。そのような方に向け、都電専用とわざわざ注意書きのある信号機もある。

◆しゅうでんそうち（集電装置）

→ビューゲル

◆しんせつきどう（新設軌道）

専用の鉄路を持つ軌道。そもそも路面電車は道路上に敷設される併用軌道が多いことから、専用の線路（敷地）を有するため、新設軌道と呼ばれる。路盤の上に砕石（バラスト）、枕木、レールが配置される。

また最近ではコンクリートスラブ（板）上にレールを締結した構造も見られる。車道と分離された軌道を専用軌道ともいう。

◆シンプルカテナリー式架線

トロリー線（パンタグラフに接する電源供給源）を吊り下げるワイヤーがトロリー線の上部に並行して配置されている架線。ワイヤーからハンガーを介してトロリー線をつるすことで水平に保つことができる。

荒川線のほとんどの区間に設置されている。JRなどの普通鉄道で採用されていておなじみの構造。

◆しんれい（振鈴）

　発車オーライのベル。車掌が乗務していた時代、乗降が終わり、発車可能となった際に運転手に合図するために鳴らすベルである。現在はワンマン運転であるが、ドアが閉まり発車する際に、チンチンと自動的に発鈴する。特に立席の乗客に対する注意喚起の役割をはたしている。

発車の際は賑やかにチンチンと奏でる振鈴

◆せいげんそくどひょうじ（制限速度標示）

　この区間の運転制限速度を示す表示器。写真は大塚駅前から向原にかけての急曲線に設けられた制限標示。勾配の両側（上り下り双方）に10km／h制限の標示がある。荒川線ではここ大塚駅前の10km／hが最小。

◆センターポール

　架線柱の配置様式。上下線路の中央に、架線柱が配置されている様式である。従来、併用軌道の箇所では、架線を支持するための柱（架線柱）は道路際におかれ、そこから軌道に向けてワイヤーでトロリー線を吊っていた。

　街中では、景観・防災向上の為、電灯線電話線の地中化も進められているなか、路面電車の架線もシンプルなものが求められてきた。そこで線路中央

部に柱を建て、これで架線を支持する方法が普及し始めている。ワイヤーを道路上に張り巡らせることなく、すっきりした空を見ることができるようになった。熊野前～宮ノ前ほかに見られる。

◆センターリザベーション

　道路中央に軌道を敷設し、さらに車が進入できない形とした構造。もともと自動車と路面を共有していた路面電車であるが、車の洪水により定時運行が妨げられるようになった。

　そのため、廃止となってしまった路線も多いが、近年は、公共交通の優位性に着目し、車の進入が出来ない構造に変更、道路中央を電車が専用（リザーブ）に走行出来るようにし、定時性を高めることが出来た。熊野前～小台などに見ることができる。

◆せんようきどう（専用軌道）

　道路以外の敷地に敷設した軌道をいう。併用軌道の反対語。道路外に敷設されたことで、自動車交通はわずらわされることなく通行できる。東京では荒川線と東急世田谷線がその例。環境面でも優れており、現代に生き残っているといえる。

◆そうたいしき（相対式）ホーム

　→プラットホーム

　停留場の配置位置の表現。のぼりくだりのホームが線路の外側に向かい合う位置にあるホーム配置である。「駅構造は2面2線」と表現する。荒川一中前や王子駅前、大塚駅前など列挙するにいとまがない。

【た】

◆だんごうんてん（団子運転）

　串にささった団子の様に電車が次々とやってくる様。継続的に次々とやってくれば乗客としてはありがたいのだが、団子が途切れ

るとしばらくやってこないことを嘆く際に用いられる言葉である。

乗客が急に集中する、交通の事情等により列車が遅れると、さらに乗客が集まり遅延する。その分、後続車はすいていて前車に追いついてしまう。併用軌道が多かった時代には交通渋滞でこのような状況が見られた。

錦糸堀を行くさよなら花電車。乗客が多く遅れ気味で後続の電車が接近。◎1972（昭和47）年11月11日　撮影：森川尚一

◆ちどりしき（千鳥式）ホーム
→プラットホーム

◆つりかわ（吊り革）
車内での体勢を保持する道具。立っている乗客が体を支えるえるためには、掴(つか)み棒や、窓、車体に手を添えることが多いが、一番利用されているのはこのつり革である。上方からぶら下がるリング状のもので、円形の樹脂製のリングがぶら下がる。

昔はそのぶら下げる部分の帯が革製であったため、つり革と呼ばれている。現在は掴みやすさを追及してリングは種々の形状に工夫されているが、この8901号ではハート形のものが一つだけ設置されている。

ハート形は2010年代に流行ったもので、幸せの♡つり革として各社に現れた。

◆ていりゅうじょう（停留場）
→電停
電車への乗降に資する場所。駅、停留所、電停などとも呼ばれる。路面電車では、道路に乗降場所を示すペイントだけで停留場としているところもあり、簡易的なイメージがあるが、荒川線ではすべての停留場にはホームが完備されており、安全保安度が高い。

安全地帯で都電を待つ乗客　（日本橋で）
◎1972（昭和47）年9月30日　撮影：森川尚一

◆でんしゃかたばん（電車型番）
型番とは、同じ構造、形状などで車両を区分する手法。形式とも呼ぶ。車両を管理する際に分類されていると都合が良いのだが、鉄道ファンにとっても、形の違い等で分類されていることで、理解が深まる。

荒川線では王子電軌引継ぎの車両100形他から始まり、6000形、7000形、7500形、8000形、2500形等種々の都電各形式が使用されていた（26頁からの「車両の履歴書」参照）。

◆ちどりしき（千鳥式）ホーム
停留場の配置位置の表現の一つで、交差する道路の手前にのぼりくだり各線にホームがある配置表現。路面電車は交差点の手前で客扱いをすることが多く、全国的にもこの配置が多い。

荒川線では、ワンマン化、バリアフリー化でプラットホームの改修が行われたため、その位置を上下お互いに交換した停留場があり、本書に限って、逆千鳥式ホームと呼ばせていただきたい。

◆ちょくせつちょうかせん（直接ちょう架線）
電柱から伸びたワイヤーでトロリー線が直接つるされている架線。トロリー線の水平度が低いため高速運転には向いていない。路面電車や一部ＪＲ等のローカル線に採用されている。

郊外電車として発達した荒川線では直接ちょう架線区間は少ない。現在は、熊野前～宮ノ前、王子～飛鳥山、大塚駅前の前後、学習院下～面影橋の曲線区間のみである。

急曲線あるいは電柱が密に立てられない区間に限られているようだ。

◆ていしいちもくひょう（停止位置目標）
停留場で停車するための目標表示器。黄色線で表示されている。その表示箇所はレール間で一定であるが、表示物は種々。路面に黄色線は大塚駅前。現在アスファルト舗装を剥(は)がす工事が進んでおり、見納めかもしれない。

◆てんてつき（転轍機）
→ポイント

◆トラバーサー
線路に直角に設けられており、車両を水平に移動させる装置。狭い敷地で車両を他線路へ容易に移動できるので、車両工場や車庫に

設置されていることが多い。遷車台ともいいう。鉄道会社の工場公開イベントでご覧になった方も多いかと思う。

　トラバース：登山で、岩壁や山の斜面を横切って進むこと。鉄道では水平面で移動しているが、車両にとって隣の線路に移動するのも岩壁に等しいかもしれない。

【は】
◆バラスト

　路盤とレールの間に配置される砕石で出来た緩衝装置。路盤の上に砕石を置き、枕木、レールを配置することで軌道が出来上がる。枕木＋レールの固定、列車通過時の変形許容、衝撃緩衝、排水が主な役割である。

　石を敷き詰めただけなので、徐々に全体が変形するため、定期的な保守が必要である。適度に保守されたバラストは乗り心地だけでなく、騒音防止にも役立っている。

◆ビューゲル

　車体上部にあり、架線（トロリー線）から電気を受け取るための装置の一つ。路面電車では、初期には、棒の先端に滑車等をつけたトロリーポールによる集電方式が主流であったが、徐々にビューゲルによる集電方式に変わっていった。

　ビューゲル（ドイツ語で枠の意味）は、バネ等でトロリー線を持ち上げる力を支える枠と、接触摺動部(せっしょくしゅうどうぶ)からなる。折り返し時の手間、離線によるアーク発生などにより、パンタグラフへの置き換えがなされた。現在はひし形パンタグラフから、Z型、さらにはシングルアーム型と進化している。都電では初めて荒川線に導入された。

　折り返し時、方向変換するが　写真のように勢いあまって離線することがあり、火花を散らしている。

◎1972（昭和47）年11月21日（早稲田停留場）　撮影：森川尚一

◆ふみきり（踏切）

　鉄道と道路が平面交差するところに設けられ、道路交通を調整し安全を確保するための設備。荒川線は専用軌道が長く、道路との交差部は、踏切が多い。大きな道路との交差部は交通信号による交差となっている。

　踏切は第1種から第4種までに分類される。

・**第1種踏切**：遮断竿（しゃだんざお）が付く。小さな交差道路でも設置されている。保安度の高い標準的な踏切。

・**第2種踏切**：警報手（保安係）が駐在するときのみ動作する踏切。1985年以降、全国に存在していない。

・**第3種踏切**：警報機はあるが遮断機（竿）がない踏切。

・**第4種踏切**：踏切警標（バツ印）だけである。基本的には横断者の注意に安全はゆだねられる。ほとんど通行する人はいないようだ。踏切手前に警笛ならせの標識があり、ミュージックホーンを鳴らす。

都電にも蒸気機関車の踏切表示が残っていた。人通りの少ない道路にひっそりとたたずんでいる。写真を撮っていたら小学生2人が、「蒸気機関車通らないよね！」と言いつつ、通り過ぎた。彼らはCタンク機関車を見たことはないだろう。

◆プラットホーム

→相対式・千鳥式・逆千鳥式ホーム

周辺よりも高くなった平らな場所。プラットフォームとも表現される。電車乗降において乗客が乗る、降りる相手先。荒川線では電車の床面とホームがほとんど同一高さにあり、乗り降りがスムーズに行われる。自動車業界やIT業界でもシステムの基盤という意味でも使われる。

◆ホーム

→プラットホーム

◆へいようきどう（併用軌道）→専用軌道

車も走行できるようになっている軌道。道路上に敷設される。王子駅前から飛鳥山間を明治通りの中央部を走行する。以前は面影橋付近や、熊野前から小台も併用軌道であったが、その面影を一部残しながら、道路とは分離され専用軌道となっている。

◆ポイント（分岐器）

車両の進行方向を分岐させる、あるいは合流させる装置。分岐器ともいう。レールの先端を舌状にし、左右に動く構造としたトングレールにより、列車の進行方向を変える。任意に方向を変えたい場合は手動、電動などで転換するが、路面電車の場合、列車の進行方

向により、進む方向が定まったスプリングポイントも多く用いられる。合流する方向に進む場合は、トングレールを車両自ら動かしながら進むことになる。荒川線のスプリングポイントは三ノ輪橋、町屋駅前、荒川車庫前の一部、王寺駅前、大塚駅前、早稲田に設置されており、折り返し列車に用いられている。

◆ボギー車

水平方向に回転可能な2軸4輪台車等を、車体下部に2つ備えた車両。車両が大型化（長尺化）するにつれ、従来の固定式（車軸が水平方向に固定）車両では、曲線の通過が困難となり、回転可能な台車を車両の前後に配置し、通過安定性を持たせた。台車をボギー台車という。

【わ】

◆わいじがたはいせん（Y字型配線）

終点駅で線路が複線から単線になり、そこで折り返す停留場の構造。到着ホームが複線の部分にあり、ここで乗客を降ろし、少し進んだところでY字型ポイントに入り、単線行き止まりの乗車ホーム部にいたる。Y字型分岐は左右に均等に分岐することが通常であるが、荒川線では発車側が直線となっている。ここでは停留場配線としてY字型と表現した。終端停留場のポイントはスプリング式になっていることが多く、到着ホームから乗車ホームに進み、折り返すことで走行線路を変えることが出来る。合理的だ。三ノ輪橋停留場の降車は降車ホームでの客扱いとなるが、早稲田停留場では、先行する電車がいない場合、降車ホームで停車せず突き当たりまで進み降車扱い、その後同じ場所で乗車扱いを行う。

The change of the station name
停留場名の変遷

1911(M44)/4	1913(T2)/4	1925(T14)/11	1927(S2)/10	1935(S10)/12	1937(S12)	1940(S15)	1942(S17)	1946(S22)/02
飛鳥山～大塚間開業時	三ノ輪～飛鳥山下間開業時	大塚駅～鬼子母神間開業時	王電「沿線図絵」	王電「電車・バス案内図」	王電「沿線案内」	王電「区域案内図」	日本統制「東京電車案内」	都交通局「電車運転系統」
	三ノ輪	三の輪	三の輪	三ノ輪	三ノ輪	三ノ輪	三ノ輪橋	三輪橋
	千住間道	千住間道	千住間道	千住間道	千住間道	千住間道	三河島二丁目	三河島二丁目
	三河島	三河島	三河島	三河島	三河島	三河島	三河島	
	博善社前	博善社前	博善社前	博善社前	博善社前	博善社前	三河島八丁目	三河島八丁目
			稲荷前	稲荷前	稲荷前	稲荷前	町屋	町屋
	町屋	町屋	町屋	町屋	町屋	町屋	町屋二丁目	
	下尾久	下尾久	下尾久	下尾久	下尾久	下尾久	下尾久	下尾久
	熊野前	熊の前	熊の前	王電熊野前	熊野前	王電熊野前	熊野前	熊ノ前
		宮の前	宮の前	宮ノ前	宮ノ前	宮ノ前	宮ノ前	
	小台ノ渡	小台ノ渡	小台	小台	小台	小台	小台	小台
		遊園地前	遊園前	遊園前	遊園前	尾久六丁目	尾久六丁目	尾久六丁目
	船方前	船方前	船方	船方前	船方前	船方前	荒川車庫前	荒川車庫前
	梶原	梶原	梶原	梶原	梶原	梶原	梶原	梶原
	飛鳥山下	飛鳥山下	山下	飛鳥山下	飛鳥山下	飛鳥山下	飛鳥山下	
		王子	王電王子	王子	王子駅前	王電王子	王子駅前	王子駅前
飛鳥山	飛鳥山	飛鳥山	飛鳥山	飛鳥山	飛鳥山	飛鳥山	飛鳥山	飛鳥山
滝野川	滝野川	滝野川	滝の川	滝野川	滝野川	滝野川	滝野川	滝ノ川
			(板橋新道)	新庚申塚	新庚申塚	新庚申塚	新庚申塚	新庚申塚
庚申塚	庚申塚	庚申塚	庚申塚	庚申塚	庚申塚	庚申塚	庚申塚	
巣鴨新田	巣鴨新田	巣鴨新田	巣鴨新田	巣鴨新田	巣鴨新田	巣鴨新田	巣鴨新田	巣鴨新田
大塚	大塚	大塚	大塚	大塚駅前	大塚	王電大塚	大塚	大塚駅前
		向原	向原	向原	向原	向原	向原	向原
		水久保	水久保	水久保	水久保	日出町二丁目	日ノ出町二丁目	日ノ出町二丁目
		雑司ヶ谷	雑司ヶ谷	雑司ヶ谷	雑司ヶ谷	雑司ヶ谷	雑司ヶ谷	
		鬼子母神	鬼子母神	鬼子母神前	鬼子母神前	鬼子母神前	鬼子母神前	鬼子母神前
			(学習院下)	学習院下	学習院下	学習院下	学習院下	学習院下
				面影橋	面影橋	面影橋	面影橋	面影橋
			(早稲田)	早稲田	早稲田	早稲田	早稲田	早稲田
			王子柳田	王子柳田	王子柳田	王子柳田	王子一丁目	
			榎町	榎町	榎町	榎町	王子二丁目	
			尾長橋	尾長橋	尾長橋	尾長橋	尾長橋	尾長橋
			西町	西町	西町	西町	王子五丁目	
			神谷橋	神谷橋	神谷橋	神谷橋	神谷橋	神谷橋
			宮堀	宮堀	宮堀	宮堀	宮堀	宮堀
			北町	北町	北町	北町	王子北町	王子北町
			下村	下村	志茂町	志茂町	志茂町一丁目	
			七溜	七溜	七溜	七溜	志茂三丁目	志茂町三丁目
			本宿	岩櫃本宿	岩櫃本宿	岩櫃本宿	岩淵一丁目	
			工電赤羽	赤羽	赤羽	王電赤羽	赤羽	赤羽

1951(S26)/6	1962 (S37)/10	1967(S42)/6	1970(S45)/4	1977(S52)/7	1983(S58)/6	現在	設置年
都交通局「電車案内図」	都交通局「電車案内図」	都交通局「電車案内図」	都交通局「電車案内図」	都交通局「電車案内図」	都交通局「電車案内図」	都交通局「路線案内図」	
三ノ輪橋	三輪橋	三ノ輪橋	三輪橋	三ノ輪橋	三ノ輪橋	三ノ輪橋	1913(T02)/04/01
						荒川一中前	2000(H12)/11/11
三河島二	荒川区役所	荒川区役所	荒川区役所	荒川区役所前	荒川区役所	荒川区役所前	1913(T02)/04/01
三河島	荒川二	荒川二	荒川二	荒川二	荒川二	荒川二丁目	1913(T02)/04/01
三河島八	荒川七	荒川七	荒川七	荒川七	荒川七	荒川七丁目	1913(T02)/04/01
町屋一	町屋一	町屋一	町屋駅前	町屋駅前	町屋駅前	町屋駅前	1913(T02)/04/01
町屋二	町屋二	町屋二	町屋二	町屋二	町屋二	町屋二丁目	1942(S17)/02/01
下尾久	尾久町一	東尾久三	東尾久三	東尾久三	東尾久三	東尾久三丁目	1913(T02)/04/01
熊野前	熊ノ前	熊ノ前	熊ノ前	熊野前	熊野前	熊野前	1913(T02)/04/01
宮ノ前	宮ノ前	宮ノ前	宮ノ前	宮ノ前	宮ノ前	宮ノ前	1926(T15)/08/30
小台	小台	小台	小台	小台	小台	小台	1913(T02)/04/01
尾久六	尾久六	西尾久七	西尾久七	西尾久七	荒川遊園地前	荒川遊園地前	1922(T11)/03/20
荒川車庫前	荒川車庫	荒川車庫	荒川車庫	荒川車庫前	荒川車庫前	荒川車庫前	1913(T02)/04/01
梶原	梶原	梶原	梶原	梶原	梶原	梶原	1913(T02)/04/01
飛鳥山下	栄町	栄町	栄町	栄町	栄町	栄町	1913(T02)/04/01
王子駅前	王子駅前	王子駅	王子駅前	王子駅前	王子駅前	王子駅前	1925(S02)/03/20
飛鳥山	飛鳥山	飛鳥山	飛鳥山	飛鳥山	飛鳥山	飛鳥山	1911(M44)/08/20
	滝野川一	滝野川一	滝野川一	滝野川一	滝野川一	滝野川一丁目	1911(M44)/08/20
滝ノ川	西ケ原四	西ケ原四	西ケ原四	西ケ原四	西ケ原四	西ケ原四丁目	1953(S28)/--/--
新庚申塚	新庚申塚	新庚申塚	新庚申塚	新庚申塚	新庚申塚	新庚申塚	1929(S04)/05/24
庚申塚	庚申塚	庚申塚	庚申塚	庚申塚	庚申塚	庚申塚	1911(M44)/08/20
巣鴨新田	巣鴨新田	巣鴨新田	巣鴨新田	巣鴨新田	巣鴨新田	巣鴨新田	1911(M44)/08/20
大塚駅前	大塚駅前	大塚駅	大塚駅前	大塚駅前	大塚駅前	大塚駅前	1911(M44)/08/20
向原	向原	向原	向原	向原	向原	向原	1925(T14)/11/02
日ノ出町二	日ノ出町二	東池袋四	東池袋四	東池袋四	東池袋四	東池袋四丁目	1925(T14)/11/02
雑ヶ谷	雑司ヶ谷	雑司ヶ谷	雑司ヶ谷	雑司ヶ谷	雑司ヶ谷	都電雑司ヶ谷	1925(T14)/11/02
鬼子母神前	鬼子母神	鬼子母神	鬼子母神	鬼子母神前	鬼子母神前	鬼子母神前	1925(T14)/11/02
学習院下	学習院	学習院	学習院下	学習院下	学習院下	学習院下	1928(S03)/12/25
面影橋	面影橋	面影橋	面影橋	面影橋	面影橋	面影橋	1928(S03)/12/25
早稲田	早稲田	早稲田	早稲田	早稲田	早稲田	早稲田	1930(S05)/03/30
王子二	王子二	王子二	王子二	※参考:王子電気軌道「路線図」／王子電気軌道「25・30年史」／東京市電気局「路線図」／東京都交通局「電車案内図」／都営交通100周年都電写真集・路線図の変遷CD-ROM／宮松丈夫「王電・都電・荒川線」／新潮社「日本鉄道旅行地図帳」／荒川ふるさと文化館「都電荒川線に乗って」／「都電（東京市電）停留場の変遷」（Web）ほか／※都交通局等の案内図には停留場名が省略された表記もある。経緯については、社史・地図・研究者で諸説があり、当欄と本文の「各停留場DATA」（著者調べ）とは一致しない個所もある。			1926(T15)/03/28
尾長橋	王子三	王子三	王子三				1926(T15)/03/28
王子四	王子四	王子四	王子四				1926(T15)/03/28
神谷橋	神谷橋	王子五	王子五				1926(T15)/03/28
宮堀	北区神谷町	北区神谷町	北区神谷町				1926(T15)/03/28
王子北町	志茂三	志茂三	志茂三				1927(S02)/12/15
志茂町一	志茂一	志茂一	志茂一				1927(S02)/12/15
志茂三	志茂二	志茂二	志茂二				1927(S02)/12/15
岩淵町一	岩淵町一	岩淵町一	岩淵町一				1927(S02)/12/15
赤羽	赤羽	赤羽	赤羽				1927(S02)/12/15

王電・荒川線クロニクル

年月日	王電、旧27・32系統、荒川線、市・都内路面電車、市・都電関係項目
1882（M15）/06/25	東京で初めて鉄道馬車の営業開始（東京馬車鉄道株式会社）
1890（M23）/05/04	上野公園で開かれた第3回内国勧業博覧会で電車運転
1895（M28）/01/31	京都でわが国初の市街電車営業開始（京都電気鉄道株式会社）
1898（M31）/08/24	東京市、市営市街鉄道の敷設を出願
1903（M36）/08/22	東京初の路面電車「東京電車鉄道」が品川〜新橋間開業
1906（M39）/05/17	清水勝蔵ら13名、「王子電気鉄道」の3路線を出願
1907（M40）/05/27	内務大臣、松本練蔵ら29名に「王子電気軌道」（改称）の特許交付
1910（M43）/03/22	王子〜新宿間出願、1912（M45）年7月特許下付（1924年9月失効）
1910（M43）/04/19	「王子電気軌道」設立。社長に才賀藤吉、本社事務所を麹町区三番町57番地
1910（M43）/04/23	王子電気軌道、会社設立登記
1910（M43）/10/20	逓信大臣、王子電軌に電気事業経営を許可
1911（M44）/02/16	本社を東京府北橋区弥左衛門町4番地に移転
1911（M44）/02/16	北豊島郡巣鴨村巣鴨660番地に出張所を設置
1911（M44）/03/10	車両組立着手（4月12日に6両組立完成）
1911（M44）/04/16	東京電車鉄道、三ノ輪〜金杉上町間（後の21系統）開通
1911（M44）/08/01	東京市が東京鉄道を買収、電気局を開設し「東京市電」となる
1911（M44）/05/03	王子〜高田千登世間出願、1916（大正5）年7月12日出願取下げ
1911（M44）/08/09	運転開始出願（8月19日認可）
1911（M44）/08/20	飛鳥山（社史「飛鳥山上」）〜大塚（現大塚駅前＝北側）間開通、花電車運行
1911（M44）/11/01	王子電軌、電力供給開始（供給戸数574戸・点灯数2134灯）
1912（M45）/02/15	社債30万円発行（第1回）
1912（M45）/05/15	出張所を北多摩郡巣鴨村新田880番地に新築して移転
1912（M45）/07/18	大塚〜内藤新宿間軌道敷設に特許
1912（T01）/07/30	三ノ輪車庫竣工
1913（T02）/04/01	三ノ輪（現三ノ輪橋）〜飛鳥山下（現栄町）間開業、花電車運行
1913（T02）/04/16	社長・才賀藤吉辞任、新社長・長松篤棐就任（後に次々交代）
1913（T02）/05/中	上半期に車両12両増車
1913（T02）/06/27	本社を北豊島郡西巣鴨町大字巣鴨885番地に移転
1913（T02）/10/31	飛鳥山下（現栄町）延長線運転開始
1914（T03）/02/中	三ノ輪全線7区、1区1銭の乗車運賃を決める
1914（T03）/05/8	巣鴨新田変電所新設工事落成
1915（T04）/04/17	飛鳥山〜王子（現王子駅前・南側）間延伸開通
1915（T04）/—/—	御大典奉祝記念の花電車を運行
1917（T06）/08/25	臨時㈱主総会で200万円増資可決
1918（T07）/04/中	車両4両増車
1918（T07）/10/—	電車乗務員同盟罷業の兆しありしも無事解決
1919（T08）/12/中	1区3銭、2区6銭、全線13銭の乗車運賃に（1921年に14銭）
1920（T09）/05/19	創立10周年祝賀会を本社構内で挙行
1920（T09）/05/中	東京市電から10両購入
1922（T11）/01/—	東京市電から10両購入

年月日	王電、旧27・32系統、荒川線、市・都内路面電車、市・都電関係項目
1922（T11）/03/20	荒川遊園開園に先立ち、遊園地前（現荒川遊園地前）停留場開設
1923（T12）/04/04	本社新築し、東京市西巣鴨新田965番地に移転
1923（T12）/09/01	関東大震災で山谷変電所等被害に遭うも軽微で、8日に全線復旧
1924（T13）/03/—	船方電車営業所（現荒川電車営業所）開設
1925（T14）/02/07	飛鳥山下〜王子（北側）間開業。三ノ輪線・大塚線連絡運転開始
1925（T14）/02/08	内藤新宿乗入れ断念、高田知登世〜戸塚町間出願（早稲田延伸に変更）
1925（T14）/03/21	市電に女子車掌を配置
1925（T14）/04/16	臨時株主総会で750万円増資可決。資本金1400万円に
1925（T14）/04/19	創立15周年記念祝賀会を挙行
1925（T14）/07/09	高田町〜下練馬間計画も未成に終わる
1925（T14）/10/—	従業員が待遇改善を要求し3日間のストライキ行う（翌15年1月解決）
1925（T14）/11/12	大塚駅前（南側）〜鬼子母神間開業
1926（T15）/03/28	王子柳田〜神谷橋間（赤羽線）開業
1926（T15）/05/中	ボギー10両完成使用開始
1927（S02）/01/20	三ノ輪王電ビルヂング竣工・使用開始（鉄筋コンクリート3階建て）
1927（S02）/02/—	従業員問題起こる
1927（S02）/05/中	庚申塚〜滝野川間軌道改良工事完成
1927（S02）/06/27	市電の女子車掌を廃止
1927（S02）/12/01	赤羽線・王子柳田〜赤羽間開業
1927（S02）/12/12	市電、少年車掌を配置
1927（S02）/12/15	赤羽線・神谷橋〜赤羽間延伸開業
1928（S03）/04/01	東北線・王子駅高架化で、三ノ輪〜王子〜大塚（北口）間開業
1928（S03）/05/15	山手線・大塚駅高架化で、三ノ輪〜王子〜大塚〜鬼子母神間直通
1928（S03）/11/20	三河島汚水処理場（現水再生センター）の西側に専用軌道（三河島変更営業）敷設
1928（S03）/12/25	鬼子母神〜面影橋間延伸開業
1929（S04）/05/20	王子〜赤羽間乗合自動車（バス）の営業開始
1930（S05）/03/30	面影橋〜仮早稲田間延伸開業（現荒川線全線に相当の区間全通）
1931（S06）/12/19	京成電軌、日暮里〜青砥間開通で、王電連絡の町屋駅開業
1932（S07）/01/17	仮早稲田〜終点・早稲田間25m延伸開業で市電と接続
1932（S07）/10/01	荒川、王子・滝野川（現北区）、豊島、淀橋（現新宿）の各区誕生
1932（S07）/12/01	王子柳田〜王子駅前間延伸開業で「赤羽線」が全通
1934（S09）/03/16	市電、女子車掌を復活
1934（S09）/06/07	市電、少年車掌を廃止
1935（S10）/10/19	創立25周年祝賀会を挙行、社史発行
1936（S11）/12/17	臨時株主総会で1000万円増資可決。資本金2400万円に
1937（S12）/03/25	王子電軌、東京市電と連絡割引を実施
1937（S12）/05/-	王子電軌、従業員の一部でストライキ起こる
1938（S13）/04/02	「陸上交通事業調整法」公布
1938（S13）/04/27	王子駅前・大塚・赤羽を王電王子・王電大塚・王電赤羽に改称
1939（S14）/04/01	飛鳥山下〜王電王子（北側）間開通
1939（S14）/07/31	王電・東京市電10銭連絡実施（日の出町〜大塚間、日ノ出町〜早稲田間）

年月日	王電、旧27・32系統、荒川線、市・都内路面電車、市・都電関係項目
1940（S15）/01/06	紀元2600年記念電車乗車券発行、視覚障碍者付添者に優待乗車券発行
1940（S15）/04/28	創立30周年祝賀会を挙行、社史発行
1941（S16）/12/08	太平洋戦争始まる
1942（S17）/02/01	陸上交通事業調整法により、旧市内路面交通事業8会社10事業統合
1942（S17）/02/01	王子電軌は東京市へ譲渡で東京市電に。王子電軌は解散
1943（S18）/03/01	戦時下の電力不足により電車営業時間を繰り上げ
1943（S18）/05/01	電車始業時間、臨時繰り下げ実施
1943（S18）/07/01	都制施行で東京都（交通局）電車（都電）に。電気局は交通局へ
1944（S19）/05/05	市電創業以来の乗り換え制度を廃止し、1系統の乗り切り制に変更
1945（S20）/03/10	戦災で都電営業所12カ所と車両602両を焼失、149キロに被害。
1945（S20）/08/22	都電、終電時間変更
1949（S24）/01/30	荒川線に初の集電装置をトロリーポールからビューゲルに変更
1949（S24）/07/15	都電、徹夜運転を廃止
1949（S24）/09/16	都電、貨物電車運転を休止
1950（S25）/04/01	通行税を廃止
1951（S26）/04/01	都電、営業時間を繰り下げ
1952（S27）/05/20	今井線がトロリーバスに置き換えて廃止、26系統欠番に
1952（S27）/08/01	都電、早稲田～王子駅前間の32系統を、荒川車庫～早稲田間に変更
1954（S29）/07/10	香水電車、夏季限定で1960年まで運行（翌年に香水電車前線運行）
1959（S34）/—/—	車体色、キャピタルクリームに赤帯へ塗り替え
1959（S34）/10/20	都電軌道内に自動車乗り入れ実施へ
1961（S36）/07/-	首都圏整備事業計画で「都電撤去に着手」を指示
1962（S37）/08/-	交通車両懇談会、都電撤去を示唆
1963（S38）/11/30	撤去計画に基づく廃止路線で「杉並線」が初めての廃止
1966（S41）/07/01	地方公営企業法一部改正、独立採算性強化
1967（S42）/01/01	交通局、交通事業財政再建団体に指定される
1967（S42）/08/01	東京都交通局事業財政再建計画を策定、路面電車の廃止を決定
1967（S42）/12/10	第1次、都電撤去（品川駅前～東京港口間など13ルート）
1968（S43）/03/25	第2次、都電撤去（三ノ輪橋～千住四丁目間4ルート）
1968（S43）/03/31	第2次の2、都電撤去（東両国～両国駅前間など3ルート）
1968（S43）/09/29	第3次、都電撤去（渋谷駅前～北青山一丁目間など7ルート）
1969（S44）/10/26	第4次、都電撤去（三ノ輪橋～水天宮間など13ルート）
1970（S45）/03/27	第4次の2、都電撤去（新宿駅前～外神田二丁目間など）
1971（S46）/03/18	第5次、都電撤去（大塚駅前～本所一丁目間など8ルート）
1972（S47）/11/12	第6次、都電撤去（日本橋～錦糸町駅前間など7ルートで撤去完了）
1972（S47）/11/12	王子駅前～赤羽間（赤羽線・27系統の一部）廃止

年月日	王電、旧27・32系統、荒川線、市・都内路面電車、市・都電関係項目
1973（S48）/01/15	「敬老乗車証」（シルバーパス）制度発足
1974（S49）/10/01	27・32系統を統一し「都電荒川線」に改称。運賃50円
1976（S51）/10/22	都営交通事業財政再建計画（第2次財政再建）発表
1977（S52）/05/06	運賃70円に改定
1977（S52）/10/01	一部ワンマン化導入（1979年4月1日に全面ワンマン化）
1978（S53）/03/10	ツーマン運転廃止の装飾電車2両運転（青帯塗装に変更）
1978（S53）/03/31	車掌がひもでチンチンと鳴らす振鈴が6000型車両とともに消える
1978（S53）/04/01	オールワンマン化で花電車5両運行（4月10日まで）
1978（S53）/05/18	新型車両7000形が鉄道友の会「ローレル賞」受賞
1978（S53）/10/01	運賃90円（1981年5月120円、1984年7月130円、1985年4月140円）
1980（S55）/11/26	都営交通事業財政再建計画（第3次財政再建）発表
1984（S59）/01/18	東京都交通事業経営健全化計画発表
1984（S59）/03/01	冷房車両の導入開始
1986（S61）/04/10	運行管理システムを導入
1990（H02）/05/02	8500形車両を導入
1993（H05）/11/11	Tカード（都電・都バス用）を導入
1994（H06）/04/01	電車無線の使用開始
1994（H06）/04/02	バス共通カードを導入
1996（H08）/02/05	初の女性運転士誕生
1997（H09）/10/14	三ノ輪橋停留場「関東の駅100選」に選ばれる
2000（H12）/05/31	ラッピング広告車両の運行開始
2000（H12）/11/11	荒川一中前停留場が開設
2003（H15）/04/06	6152型電車（通称・一球さん）が区立荒川遊園で展示公開開始
2003（H15）/05/01	全停留場で終日禁煙を実施
2007（H19）/03/18	ICカード乗車券「PASMO」サービス開始
2007（H19）/05/26	荒川電車営業所内に旧型車両の展示施設「都電おもいで広場」開設
2007（H19）/05/27	レトロデザインの新型車両9000形を導入
2009（H21）/04/26	先進性と快適性をめざした新型車両8800形の運行開始
2011（H23）/04/18	都電マスコットキャラクターの「とあらん」誕生
2011（H23）/05/20	区立荒川遊園に「下町都電ミニ資料館」開館
2011（H23）/08/01	東京都交通局100周年。「ToKoPo（トコポ）」のサービス開始
2011（H23）/08/20	荒川線（旧王子電軌）100周年。10月1日に33年ぶりの花電車運行
2011（H23）/10/01	都営交通100周年記念花電車運行開始
2013（H25）/03/23	10の交通系ICカードによる全国相互利用開始
2015（H27）/06/22	トリップアドバイザー「2015エクセレンス認証」受賞
2015（H27）/09/18	新型車両8900形運行開始
2016（H28）/03/03	軌道緑化実証実験スタート
2016（H28）/05/30	7700形運行開始
2017（H29）/11/16	愛称を「東京さくらトラム」に決定
2017（H29）/04/29	停留場ナンバリング実施
2018（H30）/10/21	三ノ輪橋停留場構内に「三ノ輪橋おもいで館」を設置

◇資料提供・参考文献

【資料提供】(50音順)

J.WALLY HIGGINS(名古屋アーカイブス)、明美製菓、荒川ふるさと文化館、荒川区広報課、生田誠、井口悦男、稲葉克彦、江本廣一、小川峯生、荻原二郎、北区立中央図書館(北区の部屋)、菊谷靖、国土地理院、国立公文書館、近藤哲生、佐藤孝一、杉並区立中央図書館、辻阪昭浩、手川文夫、天祖神社(大塚)、東京都交通局、東京都公文書館、東京都立大学、東京都立雑司ヶ谷霊園、豊島区立郷土資料館、都電屋(藤田孝久)、中村夙雄、橋本玲子、福性寺、日暮昭彦、丸森茂雄、三の輪橋商店街(髙木義隆)、諸河久ほか

【参考文献】(順不同)

竹谷為次郎編「王子電気軌道二十五年史」・小川宮次編「王子電気軌道三十年史」(同軌道)／宮松竹夫「王電・都電・荒川線」・江本廣一「都電車両総覧」(大正出版)／小林茂多「行政文書で綴る王子電気軌道株式会社史」(自家本)／諸河久「都電系統案内」(ネコ・パブリッシング)／高松吉太郎「夢軌道。都電荒川線」(木馬書館)／イカロス出版「都電の100年」(同社)／「東京都の地名」(平凡社)／北豊島郡誌」(北豊島郡農会)／荒川区「荒川区史」(同区)／北区役所「新修北区史」(同区)／豊島区史編纂委員会「豊島区史」(同区)／伊藤暢直「豊島区立郷土資料館年報」(同資料室)／荒川区教育委員会「あらかわ今昔ものがたり」／荒川ふるさと文化館「荒川線に乗って」「移りゆく街並み、王電・都電の車窓から」(同館)／田久保周誉「堀船郷土史」(堀船郷土史を語る会)／「都電往来～豊島区と荒川線」(豊島区立中央図書館)／加藤薫・坂口よし朗「都電荒川線各駅停車」(保育社)／新潮社「日本鉄道旅行地図帳」(同社)／鈴木亨「荒川線歴史散歩」(鷹書房弓プレス)／「鉄道ピクトリアル」(鉄道図書刊行会)／東京都交通局「東京都交通局50・70年史」「都電」「ひとりぽっち荒川線」「都営交通100年のあゆみ」「荒川区の歴史」「北区の歴史」「豊島区の歴史」(名著出版)／「大東京写真案内」(博文館)／鉄道史学会「鉄道史人物事典」(日本経済評論社)／高橋政士「鉄道用語辞典」(講談社)ほか

【著者プロフィール】

中村建治(なかむらけんじ)

1946(昭和21)年、山梨県大月市生まれ。明治大学政治経済学部卒。鉄道史学会会員。著書に『中央線誕生』『地下鉄誕生』『山手線誕生』などの「鉄道誕生シリーズ」、『東京・消えた!全97駅』『東京・消えた! 鉄道計画(未成線)』などの「消えた!東京の鉄道シリーズ」のほか、「明治・大正・昭和の鉄道地図を読む」など多数。

森川尚一(もりかわしょういち)

1954(昭和29)年、東京都杉並区生まれ。早稲田大学大学院理工学研究科機械工学専攻修了。同大在学中には鉄道研究会に所属し、当時の国鉄全線の踏破を果たす。社会人となってからは民鉄も全線踏破を完了し、その後の新線開業も逐次フォローしている。現在も鉄道路線の今昔、運行形態等の調査研究を継続中。

今昔写真と路線分析
都電荒川線の全記録

発行日 ……………………2021年12月27日　第1刷　　※定価はカバーに表示してあります。

著者 ……………………中村建治・森川尚一

発行人 ……………………高山和彦

発行所 ……………………株式会社フォト・パブリッシング
　　　　　　　　　　　　　〒161-0032　東京都新宿区中落合2-12-26
　　　　　　　　　　　　　TEL.03-6914-0121 FAX.03-5955-8101

発売元 ……………………株式会社メディアパル(共同出版者・流通責任者)
　　　　　　　　　　　　　〒162-8710　東京都新宿区東五軒町6-24
　　　　　　　　　　　　　TEL.03-5261-1171 FAX.03-3235-4645

デザイン・DTP ………柏倉栄治(装丁・本文とも)

印刷所 ……………………株式会社シナノパブリッシングプレス

ISBN978-4-8021-3303-6 C0026

本書の内容についてのお問い合わせは、上記の発行元(フォト・パブリッシング)編集部宛てのEメール(henshuubu@photo-pub.co.jp)または郵送・ファックスによる書面にてお願いいたします。